Hans-Joachim Röll

# Korvettenkapitän
# Otto Schuhart

---

Lieber Diether, lieber alter Freund!

Wir sind uns Ostern 1949 als kaufmännische Lehrlinge
bei Bayer begegnet und entdeckten bald viel gemein-
sames. Du warst im Krieg bei der U-Boot-Waffe Seeoffizier
gewesen, zuletzt als I. W. O.; ich, der Jüngere von uns
beiden, Matrose O. A. bei der letzten Crew der Kriegsmarine, IV/45 in Stralsund.

Während unserer anspruchsvollen beruflichen Ausbildung
in Leverkusen waren wir dann bis 1952 in einem Lehrjahr.
1950/51 gründeten wir aus akuter DM-Geldnot und Wohnungs-
mangel in einem Zimmer in Leverkusen zu Mindestkosten
einen gemeinsamen Haushalt. Aus der gemeinsamen
Notlage wurde eine tiefe Freundschaft, die die Jahrzehnte
bis heute überdauert hat.

Zu Deinem heutigen 90. Geburtstag in Bergisch-
Gladbach an der Seite Deiner lieben Frau schenke ich
Dir in Erinnerung an unsere gemeinsamen Zeiten
dieses kürzlich erschienene Buch über den von Dir
so hochgeschätzten Otto Schuhart. — Ich widme Dir
diese Zeilen in der Hoffnung auf eine Chance
für ein Wiedersehen, bei dem wohl manche
fröhliche Anekdote wieder aufleben wird.

Ich grüße Dich in alter Verbundenheit und
wünsche Dir mit diesem Buch und den
Erinnerungen

Viel Freude!
Dein Freund Cosle.

Isernhagen, Anfang Mai 2013

Hans-Joachim Röll

# Korvettenkapitän
# Otto Schuhart

U 29 meldet: Britischer Flugzeugträger
„Courageous" versenkt

FLECHSIG

**Danksagung**
Mein Dank gilt Herrn Horst Bredow, dem Begründer und Leiter der Stiftung
„Deutsches U-Boot-Museum" in Cuxhaven-Altenbruch, besonders für die fachliche
Beratung und das wertvolle Fotomaterial.

*Hans-Joachim Röll*

# Inhalt

# Die erste Feindfahrt von U 29 – die Versenkung des britischen Flugzeugträgers „Courageous"

Es war der 19. August 1939, früh morgens um 06.30 Uhr in Wilhelmshaven. Auf dem Achterdeck von U 29 war die Besatzung angetreten. Kapitänleutnant Otto Schuhart, der im April 1939 Kommandant dieses Bootes geworden war, betrat mit federnden Schritten das Deck. Ruhig zählte er die U-Boot-Soldaten ab, die sich in zwei Reihen aufgestellt hatten. Er kam bis 38. Diese 38 Männer sollten in den nächsten knapp eineinhalb Jahren das Schicksal des Bootes und damit auch sein eigenes teilen. Vor der Front stand ein Oberleutnant, der die Besatzung stillstehen ließ und befahl:

„Zur Meldung an den Kommandanten, die Augen links!".

Dann wandte sich der Offizier – groß, breitschultrig, mit stählernem Blick – an Otto Schuhart: „Oberleutnant Laufs meldet: Besatzung von U 29 komplett angetreten".

„Danke, Laufs". Der Kommandant drehte sich nun direkt zu den U-Boot-Soldaten:

„Guten Morgen, Männer!".

Wie aus einem Mund erwiderte die Besatzung den Gruß. Otto Schuhart hielt kurz inne. Was sollte er nun sagen? Er war kein Mensch großer Worte.

„Männer, wir laufen in einer Stunde zu einem geplanten Manöver in den Atlantik aus. Ich erwarte, dass jeder seine Pflicht tut, so, wie ich sie selbst tun werde. Wenn wir alle an einem Strang ziehen, dann kommen wir prima miteinander aus!".

Dann ließ er die Besatzung wegtreten. Er wusste, dass er sich auf seine Männer verlassen konnte. Sie waren eine verschworene Bruderschaft, perfekt geschult und hochmotiviert. Mit ihnen würde er jede schwierige Situation meistern können.

U 29 war nun bereit zum Auslaufen. Punkt 08.00 Uhr legte das Boot im Verband der U-Flottille „Saltzwedel", die unter der Führung von Korvettenkapitän Hans Ibbeken stand, in Wilhelmshaven ab. Gemeinsam mit U 28 (Kuhnke), U 33 (v. Dresky), U 34 (Rollmann), U 37 (Schuch), U 38 (Liebe), U 39 (Glattes), U 40 (v. Schmidt) und U 41 (Mugler) – die letzten fünf Boote gehörten zu der ebenfalls in Wilhelmshaven stationierten U-Flottille „Hundius" – sollte U 29 einen Aufklärungsstreifen im Nordatlantik, westlich von Irland, einnehmen.

Kurz nach Einbruch der Dunkelheit ließ Schuhart die Turmnummer übermalen und Bugnummer und Hoheitsabzeichen abnehmen. Der Anmarsch in das Operationsgebiet blieb ohne besondere Vorkommnisse, allerdings musste das Boot bis zu den Färöer-Inseln fast pausenlos unter Wasser marschieren, denn in der Nordsee tummelten sich Unmengen von Schiffen – meist Fischerboote.

Am 28. August 1939, gegen Mittag erreichte U 29 den befohlenen Aufklärungsstreifen westlich von Irland, wo Schuhart es gestoppt auf der langen Dünung hin und her dümpeln ließ. Als das Wetter dann immer schlechter wurde – aus Südosten blies der Wind mit einer Stärke von drei bis fünf, dazu waren die Sichtverhältnisse mehr als mäßig –, befahl der Kommandant, nach Süden zu steuern.

Am 1. September 1939 begann mit dem Einmarsch der Wehrmacht in Polen der Zweite Weltkrieg. Damit sollte sich auch die Situation von U 29, das bisher ja nur ein Manöver durchführte, grundlegend ändern.

Am 3. September war der Polenfeldzug gerade erst drei Tage alt. Am Morgen dieses Tages stand das Boot nach wie vor in seinem Operationsgebiet. Bisher war es dem Kommandanten gelungen, allen Schiffen auszuweichen und unbemerkt zu bleiben. Die Männer hofften, dass sich England und Frankreich aus dem Krieg gegen Polen heraushalten würden und sie bald wieder in die Heimat zurückkehren dürften.

Kapitänleutnant Otto Schuhart enterte gegen 09.00 Uhr auf die Brücke, um mit dem I WO, Leutnant zur See Georg Lassen, der erst zwei Tage vor dem Auslaufen an Bord gekommen war, ein kleines Schwätzchen zu halten. Die beiden Offiziere waren der Meinung, dass England und Frankreich wohl nicht zu ihrem Bündnis zu Polen stehen würden und der Rückmarsch nach Wilhelmshaven kurz bevorstünde.

Mit etwa acht Knoten Geschwindigkeit schnürte das Boot durch die sanfte Atlantikdünung. Unter Otto Schuharts Füßen vibrierten die Diesel, die Bugseen rauschten leise; sonst war es auf der Brücke völlig still.

Doch kurz bevor der Kommandant von der Ruhe eingelullt wurde, ertönte die erregte Stimme des II. Wachoffiziers Ludwig Forster aus dem Bootsinneren:

„Herr Kaleu, Herr Kaleu, kommen Sie schnell!".

„Abwärts!", rief Schuhart in den Turm hinein, um zu verhindern, mit seinen Stiefeln im Gesicht eines aufenternden Mannes zu landen. Dann schwang er sich durch das Luk und ließ sich an der Leiter in die Zentrale gleiten. Dort standen Obersteuermann Lemke, der nautische Experte an Bord, und der II WO vor dem Rundfunkempfänger. Zu ihnen hatten sich zwei Freiwächter gesellt, und dahinter lugte der Kopf des Funkmaaten Robert Kindt aus seinem Schapp. Alle schienen hochgradig erregt. Aus dem Rundfunkempfänger schmetterte in voller Lautstärke Marschmusik.

„Was ist denn los?", fragte Schuhart neugierig.

„Es wird gleich wiederholt, Herr Kaleu", begann Forster hektisch, da unterbrach ihn schon die Stimme des Radiosprechers:

*Hier ist der Großdeutsche Rundfunk. Wir übermitteln eine Sondermeldung: Die britische Regierung hat in einer Note an die Reichsregierung die Forderung gestellt, die auf polnisches Gebiet vorgedrungenen deutschen Truppen wieder in ihre Ausgangsstellungen zurückzuziehen. Heute Morgen um 09.00 Uhr wurde durch den englischen Botschafter in Berlin in einer herausfordernden Note mitgeteilt, wenn nicht bis 11.00 Uhr vormittags an London eine befriedigende Antwort erteilt wäre, würde sich England als im Kriegszustand mit Deutschland befindlich betrachten. Daraufhin ist dem englischen Botschafter geantwortet worden, dass die deutsche Reichsregierung und das deutsche Volk es ablehnen, von der englischen Regierung ultimative Forderungen entgegenzunehmen oder gar zu erfüllen.*

Otto Schuhart kratzte sich nachdenklich am Kopf. Nun war also alles klar! Der Krieg gegen England stand unmittelbar bevor. Für U 29 hieß dies: Seekrieg nach Prisenordnung[1]. Schon

---

[1] Der Seekrieg nach Prisenordnung beinhaltet:

1. Kontrollrecht: Die Kriegsparteien haben das Recht, alle Handelsschiffe anzuhalten und deren Papiere zu kontrollieren, gegebenenfalls auch zu durchsuchen, um die zur Ausübung des Prisenrechts erforderlichen Feststellungen zu treffen. Nur feindliche Schiffe haben das Recht zum Widerstand, was wiederum die gewaltsame Durchsetzung der prisenrechtlichen Maßnahmen erlaubt. Vom Kontrollrecht ausgenommen sind neutrale Handelsschiffe im Geleit von eigenen Kriegsschiffen. Hier besteht eine Auskunfts- und ggf. eine Untersuchungspflicht des Verbandsführers.

wenig später, es war 11.05 Uhr, meldete sich der Oberbefehlshaber der Marine, Großadmiral Raeder, bei allen in See stehenden Schiffen:

*An alle Befehlshaber und Kommandanten in See! Großbritannien und Frankreich haben Deutschland den Krieg erklärt. Für die Kriegsmarine ist damit sofortige Gefechtsbereitschaft gemäß den Gefechtsbefehlen gegeben.*

Genau elf Minuten später ging ein zweiter Funkspruch auf den U-Booten ein. Der kam aus dem Hauptquartier des Führers der U-Boote, Kommodore Karl Dönitz (erst am 19. September 1939 wurde sein Dienstposten in „Befehlshaber der Unterseeboote" [B.d.U.] umbenannt), und hatte folgenden Wortlaut:

*Vom Führer der U-Boote: An alle in See befindlichen U-Boot-Kommandanten. Die Gefechtsbefehle für die U-Boot-Waffe der Kriegsmarine sind in Kraft getreten. Truppentransporter und Handelsschiffe sind gemäß Prisenordnung der Haager Konvention anzugreifen. Feindliche Geleitzüge sind ohne Warnung anzugreifen. Passagierschiffe, die nur Passagiere befördern, dürfen nicht angehalten werden. Diese Schiffe sind auch dann nicht anzugreifen, wenn sie in militärisch gesicherten Geleitzügen fahren. Dönitz.*

Schuhart schlich zum Panzerschrank in seiner bescheidenen Kommandantenkammer und holte den versiegelten Umschlag mit den Befehlen heraus, die jeder Kommandant vor der Abreise erhalten hatte. Die Anweisungen waren etwas verklausuliert, aber inhaltlich eindeutig: Seekrieg nach Prisenordnung in einem Operationsgebiet eigener Wahl. Der Kommandant kletterte wieder auf die Brücke, wo ihn der I WO Lassen neugierig erwartete.

„Ja, Lassen", schnaufte Schuhart, „nun ist es soweit, von nun an Wache im Kriegszustand, jede Sichtung sofort an mich weitergeben, vor allem auf Flieger und Sehrohre feindlicher U-Boote achten".

---

2. Seebeuterecht: Bei Schiffen unter feindlicher Flagge ist die sogenannte Aufbringung (Übernahme der Befehlsgewalt über das Schiff), Einbringung (Verbringung in einen eigenen Hafen) und Einziehung von Schiff und Ladung zulässig. Ladung, die Eigentum Neutraler ist, muss in der Regel zurückgegeben oder entschädigt werden.

3. Banngutrecht: Auf neutralen Schiffen darf Banngut, soweit es für den Feind bestimmt ist, beschlagnahmt und eingezogen werden. Das Schiff unterliegt ebenfalls der Einziehung, wenn mehr als die Hälfte der Ladung Banngut ist. Darüber hinausgehende Maßnahmen sind gegen Neutrale nur in Ausnahmefällen zulässig.

4. Blockaderecht: Eine kriegführende Partei kann die Blockade vom Feind gehaltener Häfen und Küsten erklären. Dadurch werden neutrale Schiffe, die diese Häfen oder Küsten zu erreichen versuchen, zu sogenannten Blockadebrechern, die ebenfalls der Aufbringung und Einziehung unterliegen.

5. Einziehung und Zerstörung: Aufgebrachte Schiffe und beschlagnahmte Waren werden als Prisen bezeichnet. Ihre Einziehung muss förmlich durch das Urteil eines Prisengerichts an Land ausgesprochen werden. Damit geht das Eigentum an der Prise an den Staat über, in dessen Namen sie aufgebracht bzw. beschlagnahmt wurde. Fällt ein Urteil zugunsten des Eigentümers, muss die Prise zurückgegeben oder eine Entschädigung bezahlt werden. Alternativ zu Einbringung und Einziehung ist unter bestimmten Umständen die Zerstörung von Prisen zulässig, bei Schiffen allerdings nur, wenn Fahrgäste, Besatzung und Papiere des aufgebrachten Schiffes vor der Zerstörung an einen sicheren Ort gebracht werden. Rettungs- oder Beiboote gelten dabei ausdrücklich nicht als ein sicherer Ort, wenn nicht Land oder ein anderes Fahrzeug in der Nähe ist. Bei Schiffen im Geleit feindlicher Kriegsschiffe wird allgemein davon ausgegangen, dass sie Teil eines militärischen Verbands sind und sie daher auch wie Kriegsschiffe behandelt werden dürfen, die genannten Einschränkungen also nicht gelten. Auch für nach Prisenrecht zerstörte Prisen ist eine nachträgliche gerichtliche Überprüfung erforderlich.

Dann korrigierte er den Kurs, er wollte zu den nördlichen Schiffsrouten in Richtung Kanada. Es war nun vorerst alles getan, was zu tun war. Schuhart enterte ab, um die erste Eintragung im Kriegstagebuch vorzunehmen. Leichtfüßig passierte er die Zentrale, schlüpfte durch das Kugelschott und verschwand hinter dem schweren grünen Filzvorhang in seinem Schapp. Noch nicht einmal drei Sätze hatte er zu Papier gebracht, als ihn der wachhabende Offizier aus seinen Gedanken riss:

„Kommandant auf Brücke!".

Otto Schuhart fuhr hoch, griff nach seiner Mütze, eilte durch den Gang zur Zentrale und kletterte auf die Brücke.

„Rauchwolken in 270 Grad, Herr Kaleu", empfing ihn der II WO, Leutnant zur See Ludwig Forster.

„Danke, Forster. Ich übernehme das Boot".

Durch das Fernglas sah der Kommandant die Rauchwolke und wenig später auch schon die Aufbauten eines Schiffs über der Kimm. Es lief auf Gegenkurs, einige Seemeilen nach Norden versetzt.

„Beide Diesel AK!".

Sofort wurden die Vibrationen der Dieselmotoren heftiger, das Boot glitt nun schnell durch das grün schimmernde Meer. Die See ging über das Vorschiff des Bootes und klatschte gegen den Turm, Gischt durchnässte die Brückenwächter. U 29 kam dem Dampfer immer näher.

„Steuert 200 Grad", murmelte Forster.

„Der Silhouette nach ist das kein Engländer", sagte Schuhart leise.

Minuten vergingen, die Umrisse des Schiffs zeigten sich immer klarer.

„Das ist kein Engländer, eindeutig die typischen Aufbauten eines dänischen Motorschiffes", brummte Schuhart, „wir tauchen und weichen dem Schiff aus".

Missmutig kletterten die Männer durch das Luk in die Zentrale hinab. Das vermeintliche erste Opfer war ein Neutraler.

Am Morgen des 4. September befahl Schuhart eine Kursänderung. Er wollte versuchen, auf südlichem Kurs die in den Monatskarten der Seewarte angegebenen Schiffsrouten zu kreuzen. Schon kurz danach unterbrach die Meldung „Rauchfahne voraus" sein Frühstück. Behände hangelte sich der Kommandant die Turmleiter empor, wo Lassen ihn einwies. Schuhart nahm sein Glas an die Augen und fixierte einige Sekunden die Rauchfahne, die über der Kimm zu sehen war.

„Der läuft mit 100 Grad, genau auf uns zu, Lassen!".

Im gleichen Augenblick unterbrach ihn der vordere Backbordausguck:

„Backbord voraus, neue Rauchfahne!".

Wie auf Kommando schnellten die Köpfe des Kommandanten und des I. Wachoffiziers herum.

„Dampfer mit nördlichem Kurs, Herr Kaleu", kommentierte Lassen.

„Ja, ist aber nur ein kleiner Kolcher, dem Kurs nach muss es ein Skandinavier sein. Die erste Rauchfahne scheint mir Erfolg versprechender zu sein", entgegnete Schuhart nüchtern.

Er beschloss, das zweite Schiff achtern zu umgehen und an dem ersten Fühlung zu halten, doch durch einen plötzlich einsetzenden Wolkenbruch und damit einhergehender schlechter Sicht ging die Fühlung an beiden verloren. Als die Dunkelheit hereinbrach, ließ Schuhart die Motoren stoppen, um Brennstoff zu sparen. Am Morgen des 5. September war aus dem schlechten Wetter ein ausgewachsener Sturm geworden. Regenschauer peitschten über die aufgewühlte See, und der starke Wind trieb riesige Wellen vor sich her. Die Sicht lag gerade noch bei cirka 1.000 Metern. An einen Waffeneinsatz war bei diesem Seegang nicht einmal zu denken.

Gegen 08.00 Uhr morgens meldete die Brückenwache erneut ein Schiff. Hastig eilte der Kommandant auf die Brücke. Nur ein Schatten war achteraus auszumachen, noch etwa 1.000 Meter entfernt, aber ganz langsam aufkommend.

„Wir tauchen erstmal, bei dem Sauwetter ist eh kein Angriff möglich", brummte Schuhart.

Während der Unterwasserfahrt wurden die Torpedos geregelt und die Maschinen gewartet, erst um 12.30 Uhr ließ der Kommandant wieder auftauchen. Mit sparsamster Fahrt marschierte das Boot nach Süden. Obwohl sich U 29 im Gebiet der kanadischen Dampfertracks befand und die Sicht wieder besser geworden war, waren weit und breit keine Schiffe zu sehen. Erst gegen 22.00 Uhr tauchte in großer Entfernung ein hell erleuchteter Frachter auf, der zielstrebig nach Norden marschierte, ohne Zweifel wieder ein neutraler Skandinavier.

U 29 ging auch am folgenden Tag unbeirrt mit langsamster Fahrt nach Süden. Alles blieb ruhig. In Otto Schuhart reifte die Überzeugung, dass jeglicher Handelsverkehr zwischen England und Kanada unterbrochen oder umgeleitet worden war. Dennoch wollte er bis zur Südgrenze des Operationsgebietes vorstoßen, um dort nach Amerika laufende Schiffe aufzustöbern.

Am Morgen des 7. September war das Ziel erreicht, Schuhart befahl nun Kurs auf 315 Grad, um in nordwestlicher Richtung zu suchen. Aber die See blieb wie leergefegt. Am Nachmittag entdeckte die Brückenwache im Osten dann eine Rauchfahne auf westlichem Kurs. Sofort befahl der Kommandant, den Dampfer unter Wasser anzulaufen, aber bald stellte sich zur großen Enttäuschung der Besatzung heraus, dass es sich erneut um einen neutralen Dänen handelte.

Als das Schiff hinter dem Horizont verschwunden war, kletterte Schuhart in die Zentrale hinab, um sich in seiner Koje eine Stunde Schlaf zu gönnen. Doch in seinem Kopf schwirrten die Gedanken nur so umher und ließen ihn keine Ruhe finden. Was sollte er tun, wenn das nächste Schiff ein Engländer wäre? Die deutsche Seekriegsleitung hatte befohlen, die Bestimmungen der Prisenordnung peinlich genau einzuhalten, also Menschenleben zu schonen. Aber das war reine Theorie. Sollte er ein feindliches Schiff torpedieren? Wie musste er dann weiter verfahren? Wie sollte er sich verhalten, wenn der Seegang ein Aussetzen der Rettungsboote unmöglich machte? Wenn er das Schiff versenkte, würde das unweigerlich den Tod hunderter Seeleute nach sich ziehen, denn Schiffbrüchige konnte er nicht aufnehmen, und die Wahrscheinlichkeit, dass ein anderes Schiff die Besatzung retten würde, war bei den wenigen Fahrzeugen in diesem Seegebiet äußerst gering.

Schuhart grübelte und grübelte, verfluchte insgeheim die Führung, die keine eindeutigen Befehle gegeben hatte. Dann kam er zu einem Entschluss: Notfalls würde er so lange bei dem angeschossenen Dampfer ausharren, bis ein zweiter herangekommen war, würde warten, bis die Besatzung gerettet war und erst danach das Schiff versenken. So müsste es gehen! Zufrieden lächelte er, dann fielen ihm die Augen zu und sanft schlief er ein.

Mittlerweile war der 8. September 1939 angebrochen. U 29 hatte wieder gewendet und steuerte erneut nach Süden. Die See war ruhig, es herrschte eine lange flache Dünung. Immer wieder ließ sich die Sonne blicken, die Sicht war sehr gut. Um genau 10.10 Uhr elektrisierte der Ruf eines Brückenwächters die Besatzung:

„Rauchwolke voraus!".

Nur Sekunden später war der Kommandant auf der Brücke. Das Schiff stand weit ab, entfernte sich mit Westkurs.

„Beide Diesel, AK, wir verfolgen den Pott!", befahl Schuhart.

U 29 pflügte mit hoher Fahrt durch die See, da meldete plötzlich der vordere Steuerbordausguck eine weitere Rauchfahne – kein Zweifel, ein Tanker, der Zickzackkurse steuerte. Schuhart überlegte nicht lange, dieser Tanker sollte das erste Opfer werden. Rasch war der Kurs korrigiert, und U 29 setzte sich vor das Schiff. Dann befahl der Kommandant:

„Auf Gefechtsstationen!".

Die Posten stiegen schnell, aber ohne Hektik durch den Turm in die Zentrale. Schuhart verließ als Letzter die Brücke und schloss das Luk. Im gleichen Augenblick ließ der Leitende Ingenieur, Oberleutnant Hermann Laufs, fluten. Die Männer an den Ventilen bedienten ihre Handräder, und das Seewasser schoss rauschend in die vorderen Tauchzellen. U 29 wurde sofort stark vorlastig und glitt in die Tiefe. Dann wurden auch die achteren Tauchzellen geflutet, so balancierte der LI das Boot wieder aus. Schuhart hatte sich auf den Sehrohrsattel gesetzt und schaute angestrengt durch das Periskop.

„Haben wir ihn, Herr Kaleu?", fragte der wachfreie II. Wachoffizier Forster ungeduldig aus der Zentrale.

„Mensch, Forster, nur nicht so schnell mit die jungen Pferde, ich muss doch auch erst mal gucken", Schuhart konnte sich ein Grinsen nicht verkneifen.

Er hatte den schnell aufkommenden Tanker, dem das Boot mit höchster E-Maschinen-Fahrt entgegenlief, natürlich mit dem ersten Blick erfasst.

„Er kommt jetzt genau auf Kollisionskurs, Generalkurs 100 Grad, Fahrt zwölf Seemeilen, fährt ausgezeichnete Zickzacks, so zwischen 20 und 90 Grad", kommentierte Schuhart für seine Männer, die auf ihren Gefechtsstationen standen.

Wenig später war U 29 nur noch 3.000 Meter vom Tanker entfernt. Deutlich konnte der Kommandant den Namen des Schiffes am Bug lesen.

„Tanker heißt ,Regent Tiger'", rief er in die Zentrale. Dort durchbrach der Obersteuermann nach wenigen Sekunden die Stille:

„Regent Tiger', 10.176 Bruttoregistertonnen, Reederei C.T. Bowring & Co., London, kann 14.000 Tonnen laden. Dem Kurs nach ist er auf dem Weg von den USA nach England".

„Den halten wir an! Geschützbedienung klar zum Artilleriegefecht! Signalflaggen klarmachen!", es sprudelte nur so aus Schuhart heraus.

Schon waren Granaten im Turm deponiert, um sie später rasch auf die Brücke reichen zu können. Eine Rutsche, die Brücke und Vorschiff, auf dem die 8,8-cm-Kanone stand, verbinden sollte, lag ebenfalls bereit.

„LI, wir tauchen auf!", befahl der Kommandant nun ungeduldig.

Zischend drückte die Pressluft das Wasser aus den Tauchtanks. Das Boot stieg schnell, durchbrach die Wasseroberfläche, wippte noch ein paar Mal auf und ab und lag schließlich ruhig auf der Meeresoberfläche.

„Boot ist durch!", meldete Laufs.

Schuhart öffnete den Schnellverschluss des Luks, drückte es hoch und schwang sich behände in die Brückenwanne. Hinter ihm enterte die Geschützbedienung mit dem Artillerieoffizier, II WO Ludwig Forster, und die Brückenwache mit Oberleutnant Georg Lassen auf. Alles ging nun blitzschnell. Die Kanoniere hatten schon ihr Geschütz geladen und den Tanker im Visier.

„Schuss vor den Bug!", zischte der Kommandant.

„Ein Schuss, Feuer frei!", gab Forster weiter, und unmittelbar darauf donnerte die 8,8-cm-Kanone los.

„Laden und Sichern!", war der Artillerieoffizier wieder zu hören.

Die Granate schlug etwa 100 Meter vor dem Bug des Schiffes ein, aber der Kapitän des Tankers reagierte nicht.

„Drei weitere Schüsse, näher an den Bug", rief Schuhart dem II WO zu und begann zu schimpfen, „das kann doch nicht sein, dass die überhaupt nicht reagieren, die sind wohl lebensmüde".

Nach dem dritten Schuss stoppte der Tanker endlich seine Maschinen, ein Rettungsboot wurde abgefiert. Im gleichen Moment brüllte Funkmaat Robert Kindt aus dem Inneren des Bootes:

„Tanker funkt auf der internationalen 600-Meter-Welle ‚please assistence'".

Nun erschien hinter dem Heck des Tankers ein zweites Rettungsboot.

„Na, da haben wir ja ein ganz schönes Durcheinander angerichtet, das ist ja die reinste Panik", spottete Schuhart laut.

„Ja, die kommen aus allen Löchern gekrochen und stürzen sich kopflos in die Rettungsboote", der I WO schüttelte, angewidert über diese Disziplinlosigkeit, den Kopf, „der Kapitän denkt wohl, wir schießen sein Schiff zusammen".

Wegen der Hektik achtete keiner der Engländer auf Schuharts Signale, die besagten, dass die Besatzung auf ihrem Schiff bleiben solle, er es vorerst nicht torpedieren, sondern nur durchsuchen wolle. Schon pullten die beiden Rettungsboote vom Tanker weg, der träge vor sich hin trieb. Der Kommandant dachte angestrengt nach: Sollte er warten, bis auch der Funker von Bord gegangen war, der immer noch unentwegt um Hilfe rief und mittlerweile auch Kontakt mit einem belgischen Schiff hatte, oder sollte er das Schiff sofort versenken? Wenn er die britischen Seeleute zu ihrem Tanker zurückbeordern würde, würde das bei der inzwischen großen Entfernung sehr lange dauern. Auch das Übersetzen eines Prisenkommandos hätte zu viel Zeit in Anspruch genommen. Als der hintere Backbordausguck dann auch noch eine Rauchfahne meldete, die sich schnell näherte – Schuhart rechnete mit einem feindlichen Kriegsschiff –, entschloss er sich, den Tanker zu torpedieren und sich dann abzusetzen.

Er steuerte U 29 nun näher an das Schiff heran, um es aus 700 Metern Distanz zu beschießen. Aber der erste Torpedo, den der Kommandant im Zweiten Weltkrieg abfeuerte, lief ungenau, obwohl die Dünung nur ganz schwach war. Statt achtern, traf das Geschoss vorne, direkt unter der Brücke. Aus dem Vorschiff schoss eine ungeheure, etwa 100 Meter hohe Stichflamme empor, eine Explosion und eine riesige Rauchwolke folgten. Der Tanker war binnen Sekunden in Feuer und Rauch gehüllt. Während die Männer auf der Brücke fasziniert das grausame Schauspiel verfolgten, enterte der Funkmaat Kindt atemlos auf und meldete:

„Wir haben einen Funkspruch des belgischen Dampfers aufgefangen, Herr Kaleu, er kommt zu Hilfe, wird in etwa einer Stunde da sein, um die Besatzung des Tankers zu bergen".

Otto Schuhart fiel ein Stein vom Herzen, zum einen musste er sich nicht weiter um die Schiffbrüchigen kümmern, zum anderen konnte er sicher sein, dass die englischen Seeleute dem grausamen Tod auf dem Meer entgingen. Mit großer Fahrt lief U 29 Richtung Nordwesten.

„Was ist, wenn der Tanker nur ausbrennt, aber nicht sinkt, Herr Kaleu?", fragte Georg Lassen nachdenklich.

„Daran habe ich auch schon gedacht, Lassen", murmelte Schuhart, „deshalb laufen wir morgen zurück und versenken die Reste des Schiffes, wenn es welche gibt".

Die Zeiger der Borduhr standen genau auf 17.30 Uhr, als der Kommandant auf die Brücke gerufen wurde. Dort wartete der ungeduldige Obersteuermann Lemke auf ihn.

„Großer Drei-Schornstein-Passagierdampfer mit unbestimmtem Kurs, Herr Kaleu".

Otto Schuhart richtete sein Glas in die angegebene Richtung und fixierte das Schiff sekundenlang.

„Was für ein Brocken, der hat ja mindestens 40.000 Bruttoregistertonnen und zackt wild hin und her".

Der Kommandant ließ das Boot auf Sehrohrtiefe tauchen. Schnell hatte er das Schiff identifiziert:

„Hab' ich es mir doch gedacht, das ist die ‚Empress of Australia', Männer, ein Passagierdampfer, den dürfen wir nicht angreifen".

Schuhart ging bis auf etwa 5.000 Meter an das Schiff heran und betrachtete es fasziniert – ein wahrhafter Ozeanriese. Dann gab er Befehl abzulaufen.

Gegen 21.00 Uhr lief der amerikanische Frachter „Astriasua" dem deutschen U-Boot direkt vor den Bug. Er steuerte westlichen Kurs und wurde von Schuhart mit der Morselampe angerufen. Der Kapitän der „Astriasua" stoppte sofort und übermittelte den Namen seines Schiffes. Es führte gut sichtbare Neutralitätszeichen und war vollkommen beleuchtet. Da es in Richtung USA fuhr, verzichtete Schuhart auf eine Durchsuchung, wünschte dem amerikanischen Kommandanten eine gute Reise und ließ abdrehen.

Seit der Versenkung der „Regent Tiger" waren mittlerweile zehn Stunden vergangen, U 29 befand sich etwa 25 Seemeilen von der Untergangsstelle entfernt, als man von der Brücke aus kurz nach Einbruch der Dunkelheit ein wahres Spektakel beobachten konnte. Gegen 22.45 Uhr schossen unzählige blutrote Stichflammen gen Himmel. Sie erreichten bis zu 200 Meter und beleuchteten gespenstisch das Wrack der „Regent Tiger". Gebannt beobachtete Schuhart die schaurig-schöne Szenerie. Nach fünfzehn Minuten endete der Feuerzauber genauso schnell wie er begonnen hatte.

„Die Rückkehr zu unserem Dampfer hat sich damit wohl erübrigt", murmelte der I WO.

„Denke ich auch. Die Reste des Tankers sind bestimmt durch die Explosionen auseinandergerissen worden", gab der Kommandant zurück.

Tatsächlich sank das Wrack der „Regent Tiger" aber erst am 10. September 1939 etwa 250 Seemeilen südwestlich von Cape Clear, vor dem Eingang in die Irische See. Mit dem Untergang des Tankers, der auf dem Weg von Trinidad nach Avonmouth war, verloren die Briten 10.600 Tonnen Benzin und 3.400 Tonnen Dieselöl. Der Kapitän William Roberts, 40 Seeleute und drei Passagiere – die komplette Besatzung – wurden tatsächlich kurz nach der Torpedierung von dem belgischen Dampfer „Jean Jadot" gerettet und am 11. September in Ramsgate ausgeschifft.

In der Zwischenzeit war der 9. September angebrochen. So turbulent es am Vortag war, so ruhig blieb es an diesem – von Schiffen war vorerst weit und breit nichts zu sehen. Erst am

Nachmittag tauchte voraus eine Rauchfahne auf. Da das Schiff sehr schnelle Zickzackkurse steuerte, vermutete Schuhart ein englisches Kriegsschiff. Allerdings war es so weit weg und lief dazu noch mit einem irrwitzigen Tempo, dass es U 29 niemals hätte einholen können.

Am späten Nachmittag kam dann ein großer Dampfer in Sicht, der in Zickzackkursen in Richtung Osten fuhr. Allerdings ließ sich nicht erkennen, ob es sich um ein Fracht- oder ein Passagierschiff handelte. Trotz aller Bemühungen von Kommandant und Besatzung kam U 29 nicht näher als 5.000 Meter an das Fahrzeug heran. Schuhart blieb zunächst unter Wasser, in der Hoffnung, dass das Schiff auf das Boot zulaufen würde. Seine Erwartungen erfüllten sich jedoch nicht. Als er auftauchen ließ, war U 29 bereits weit hinter dem Heck des Dampfers. Zwar ließ der Kommandant sofort einen Warnschuss abfeuern, der allerdings nicht einmal in die Nähe des Schiffs kam, das versuchte, sich mit hoher Fahrt nach Nordwesten abzusetzen.

„Feuer, Forster, aus allen Rohren", brüllte Schuhart der Geschützbedienung zu.

Nur Sekunden später donnerte die zweite Granate aus dem Buggeschütz, gefolgt von zahlreichen weiteren. Doch die Geschosse des U-Boots blieben ohne Wirkung. Die hohe Dünung, die zu große Entfernung und die ständigen Richtungsänderungen des Schiffs verhinderten jeden Erfolg. Während die Granaten heulten, war der diensthabende Funker auf die Brücke gekommen. Er musste schreien, um den Lärm zu übertönen:

„Herr Kaleu, das Schiff hat Kontakt zu einer irischen Funkstation, es hat seinen Standort und den Beschuss durch ein U-Boot gemeldet".

Wenige Minuten später musste Otto Schuhart die letzte Hoffnung, den Dampfer einzuholen, begraben. Das schnelle Motorschiff war dem U-Boot in der hohen Dünung an Geschwindigkeit überlegen. Mit 16 bis 17 Seemeilen vergrößerte es seinen Abstand stetig. Schließlich brach der Kommandant die Jagd ab.

Otto Schuhart suchte den Fehler für den misslungenen Angriff zuerst bei sich selbst. Ohne Zweifel war sein Befehl aufzutauchen zu spät gekommen. Allerdings hatte sich der Kapitän des entkommenen Opfers mit seinen ständigen Kursänderungen auch als Meister seines Fachs gezeigt.

U 29 steuerte nun nach Westen. Der Kommandant zog sich zurück und grübelte. Entgegen aller Erwartungen waren auf der Hauptroute nach Nordamerika, abgesehen von der „Regent Tiger", nur Passagierschiffe und Neutrale unterwegs, keine englischen Frachter. Schuhart beschloss deshalb, sich wieder nach Süden zu wenden und dort auf Schiffe auf dem Weg nach Mittelamerika oder in die Südstaaten der USA zu lauern. Zunächst wurden seine Hoffnungen aber enttäuscht. Der 10. und 11. September verlief völlig ereignislos. Erst am 12. September 1939, um 05.45 Uhr wurde er eilig auf die Brücke gerufen.

„Herr Kaleu, kurzes, helles Aufblitzen wie bei einem Scheinwerfer", empfing ihn der II WO.

Schuhart blickte einige Sekunden in die Richtung, dann befahl er:

„Kurs 40 Grad! Das schauen wir uns mal genauer an, Männer!".

Während U 29 in die Richtung der ominösen Lichtblitze marschierte, brachen plötzlich zwei Flugzeuge aus den tief hängenden Wolken.

„Zwei Maschinen, zwei Strich an Backbord, von Osten nach Westen", brüllte der hintere Backbordposten.

Die Köpfe von Kommandant und II WO flogen in die angegebene Richtung. Schuhart wusste nur zu gut, dass sie ihr Kielwasser bei der guten Sicht und dem völlig glatten Meeresspiegel verraten würde. Schnell ließ er tauchen und das Boot auf 30 Meter einsteuern. Nach einer halben Stunde tauchte U 29 wieder auf, doch kaum über Wasser, meldete die Brückenwache:

„Flugzeuge in 330 Grad!".

Zwei Maschinen kreisten diszipliniert über der letzten Tauchstelle.

„300 Grad steuern", befahl Schuhart, „wir machen uns jetzt erstmal davon".

„Vielleicht sichern die Bienen dort ein Geleit", murmelte der Obersteuermann Lemke nachdenklich.

„Kann sein", entgegnete Schuhart, „wir bleiben ja in der Nähe. Wenn die Flieger weg sind, gucken wir mal, ob da Schiffe unterwegs sind".

Erst um 13.10 Uhr konnte der Kommandant seinen Plan umsetzen und mit hoher Fahrt auf die Stelle zumarschieren, wo die Flugzeuge gekreist waren. Trotz außerordentlich guter Sicht waren weit und breit aber keine Rauchfahnen oder Mastspitzen zu sehen. Das Meer war wie leer gefegt. Nach zwei Stunden erfolgloser Suche brach Schuhart das Manöver ab und lief wieder in die Richtung des USA-Schiffswegs. Ob sich zu dieser Zeit, in dieser Gegend tatsächlich Schiffe aufgehalten hatten, blieb ungeklärt.

Gegen 20.00 Uhr sichtete die Brückenwache ein treibendes leeres Rettungsboot. Es stammte von der „Regent Tiger" und war noch voll ausgerüstet. Die U-Boot-Männer nahmen die wertvollen Gegenstände an sich und brachten sie auf U 29.

In den frühen Morgenstunden des 13. September kam der neutrale norwegische Dampfer „Gaudal" in Sicht, der selbstverständlich unbehelligt blieb. Wenig später meldete die Brückenwache dann eine schnell auswandernde Rauchfahne im Westen.

„Der läuft mindestens 13 Seemeilen, Herr Kaleu", raunte I WO Lassen – und dann plötzlich aufgeregt, ist ein Hochseeschlepper, läuft auf uns zu".

„Alaaarm", brüllte Schuhart, und schon polterten die Brückenposten durch den Turm in das Boot. Der Kommandant stieg als Letzter ein und drehte das Luk fest.

„Der hat uns gesehen, die haben jetzt ihre besten Leute in den Mastkörben – das kann ja heiter werden", murmelte er mehr zu sich selbst.

U 29 steuerte auf Sehrohrtiefe ein. Hinter dem Kommandanten tauchte Georg Lassen im Turm auf.

„Es ist vorbei mit der Ruhe, Lassen, ab jetzt müssen wir ständig mit bewaffneten Fahrzeugen rechnen – die schenken uns nichts", murmelte Schuhart und fuhr das Sehrohr aus. Der Schlepper hatte inzwischen die Zeit genutzt, sich davonzumachen. Die See war leer.

„Auftauchen! Wir stoßen dem Kahn hinterher!", befahl Schuhart knurrig.

Nach einer knappen Stunde Höchstfahrt kam im Norden wieder eine Rauchfahne in Sicht; sie gehörte zu dem Hochseeschlepper. Diesmal ließ der Kommandant frühzeitig tauchen und das Boot auf Angriffskurs gehen. Nach wenigen Minuten war der Schlepper wieder in Sicht.

Durch das Periskop betrachtete Schuhart das Schiff. Es steuerte keine Zickzackkurse, führte auch keine Flagge. Von einer Bewaffnung war nichts zu sehen. Der Kommandant hatte einen Entschluss gefasst:

„Auftauchen, Artillerieangriff, Entfernung 2.500 Meter, Lage 100. Sobald wir oben sind, Warnschuss. Zimmermann, Sie gehen mit auf die Brücke und signalisieren sofort, dass die Besatzung ihr Schiff verlassen soll".

Es war genau 15.50 Uhr, als der Hochseeschlepper den ersten Schuss vor den Bug bekam.

„Weiterfeuern, Forster, Warnschüsse dicht vor das Schiff!", befahl Schuhart. Das Geschützfeuer lag gut, der Kapitän des Schleppers hatte verstanden und ließ die Maschinen stoppen. Die Besatzung ging panikartig in die Boote. Allerdings konnte auf U 29 mitgehört werden, wie der Funker des Schiffes seinen Standort und den Artillerieüberfall durch den Äther jagte.

„Die Untersuchung des Fahrzeugs können wir vergessen", maulte Georg Lassen, „bei der Funkaktivität wimmelt es in Kürze hier nur so von Unterstützern".

Lassen hatte sich schon gefreut, endlich einmal nach alter Piratenmanier mit einem Prisenkommando ein aufgebrachtes Schiff zu entern.

„Sie wissen nicht, wie recht Sie haben", antwortete Schuhart und deutete nervös nach Osten, „sehen Sie die Qualmwolken am Horizont?".

Der I WO nahm sein Fernglas an die Augen und blickte angestrengt in die gewiesene Richtung.

„Verdammt, verdammt, das ist Qualm von Dieselmaschinen, wahrscheinlich Kriegsschiffe, kommen schnell näher".

„Glaube ich auch", antwortete der Kommandant, „wir versenken den Schlepper so schnell wie möglich".

Später stellte sich allerdings heraus, dass die Hast übertrieben war, die vermeintlichen Ölabgase entpuppten sich als ganz normale Wolken.

„Wir schießen einen Torpedo mit Magnetzündung, vier Meter tief!", befahl Schuhart.

Während die Torpedomechaniker das Geschoss klarmachten, enterte Obersteuermann Lemke auf die Brücke, er hatte mittlerweile in den Schiffsregistern nachgeschlagen:

„Das ist der Hochseeschlepper ‚Neptunia‘ mit 798 Tonnen, gehört der Overseas Towage & Salvage Co. Ltd, London, Herr Kaleu. Wir sind jetzt übrigens etwa 270 Seemeilen südwestlich von Cape Clear".

Noch während Lemke sprach, hatte Schuhart den Torpedoschuss auslösen lassen. Missmutig beobachteten die Männer auf der Brücke von U 29 seinen Lauf. Der Torpedo steuerte schlecht durch die hohe Dünung. Etwa 150 Meter vor dem Schlepper ging er erst auf Tiefe. Sekunden später detonierte der Torpedo und wirbelte eine riesige Wassersäule auf, in der die „Neptunia" zunächst verschwand, aber kurz darauf wieder völlig unversehrt auftauchte.

„Zweiten Torpedo klarmachen!", fauchte der Kommandant.

Nur Minuten später war das zweite Geschoss auf seinem tödlichen Weg. Es steuerte diesmal gut ein, vom Ausstoß selbst oder einer Blasenbahn war nichts zu sehen. Plötzlich rummste es gewaltig. U 29 zitterte und vibrierte, als der Torpedo nur cirka 200 Meter vor seinem Bug in einer mächtigen Wasserfontäne explodierte. Entgeistert schauten sich die Brückenposten an.

„Frühdetonierer!", Schuhart schäumte vor Wut.

Der Schlepper dümpelte immer noch auf dem Meer, und seine Besatzung konnte aus den Rettungsbooten die peinlichen Bemühungen der deutschen U-Boot-Männer mit ansehen.

„Forster, ‘ran an die Kanone, wir legen den jetzt mit Granaten um, genau auf die Wasserlinie zielen!", der Kommandant hatte noch lange nicht aufgegeben, „Feuer frei!".

Im gleichen Augenblick donnerte die Bugkanone los. Mehrere Schüsse schlugen in den Rumpf ein und rissen die Bordwand auf. Weißer Qualm quoll in die Höhe. Langsam sackte der Schlepper tiefer.

„Noch einen Schuss, II WO", rief der Kommandant.
Schwerfällig wie ein sterbendes Tier wälzte sich die „Neptunia" zur Seite und drehte sich

einmal um sich selbst. Kurz war der Kiel des Schleppers zu sehen, dann glitt er innerhalb weniger Sekunden in die Tiefe.

Nachdem die „Neptunia" untergegangen war, steuerte Schuhart die beiden Rettungsboote an. Er wollte zunächst mit dem Kapitän sprechen. Der stellte sich als Joseph Cordery vor und erklärte, dass er am 12. September von Falmouth zur Schiffsbergung in den Nordatlantik ausgelaufen war. Schuhart sprach dem Kapitän sein Beileid zum Tod des Funkers aus. Nachdem das Schiff bis zum Augenblick des Unterganges gesendet hatte, ging er davon aus, dass der Funker noch an Bord gewesen war. Doch Cordery beruhigte ihn, die britischen Schiffe waren alle mit automatischen Sendern ausgerüstet, die unbemannt in einer Endlosschlaufe Hilferuf und Standort durch den Äther jagten. Zum Schluss bot Schuhart den Schiffbrüchigen Proviant und Trinkwasser an, was die Briten jedoch ablehnten. Eines der Boote war motorisiert und hatte das andere ins Schlepptau genommen. Die 21-köpfige Besatzung der „Neptunia" wollte möglichst schnell mit Kurs Ost die nächste Küste erreichen, obwohl die beiden Zerstörer „H.M.S. Walker" und „H.M.S. Vanquisher", die in der Nähe den Konvoi OB-2 begleiteten, schon ihre Hilfe zugesagt hatten.

Georg Lassen kam wenig später noch einmal auf die automatischen Meldungen der britischen Schiffe zu sprechen:

„Jetzt müssen wir uns wenigstens keine Gedanken mehr über den Tod des Funkers der ‚Regent Tiger' machen", Lassen wirkte ehrlich erleichtert.

„Ja, das stimmt. Und wir müssen auch nicht mehr ‚benutzen Sie nicht ihren Funk' signalisieren", ergänzte Schuhart, „die Briten kümmern sich eh nicht um unsere Signale. Die schalten ihr Tonband ein und gehen in die Boote".

Tatsächlich waren die Schiffbrüchigen der „Neptunia" zwar durchaus dankbar, dass sie nicht ohne Vorwarnung versenkt worden waren, hatten sich aber sonst völlig gleichgültig verhalten, schienen weder vom Untergang ihres Schiffes betroffen noch von dem Entgegenkommen der deutschen U-Boot-Männer gerührt gewesen zu sein. Die Männer der „Neptunia" wurden schließlich am 15. September, etwa 30 Stunden nach der Versenkung, von der „Brinkburn" aufgenommen und nach Falmouth gebracht. Bis dahin hatten sie mit ihren Rettungsbooten rund 130 Seemeilen zurückgelegt.

Nach Ankunft auf englischem Boden schrieben einige Besatzungsmitglieder ihre Erlebnisse nieder. Aus diesen Berichten im Folgenden einige Zitate in deutscher Übersetzung:

*Es war etwa 16.00 Uhr, Mittwoch, der 13. September. Wir fuhren mit voller Kraft, als plötzlich vor uns eine Granate in die See einschlug. Erst nach mehreren Rundblicken bemerkten wir hinter uns ein aufgetauchtes U-Boot. Es signalisierte: „Verlassen sie sofort das Schiff". Wir hatten keine andere Wahl und mussten von Bord. Wir setzten das Rettungsboot und ein Dingi aus. Der deutsche Kommandant ließ zwei Torpedos schießen, die jedoch frühzeitig detonierten. Dann feuerte er zwanzig bis dreißig Granaten auf unser Schiff, bis es sank.*

*Nach ungefähr einer Stunde kam das U-Boot zu unseren Rettungsbooten, und der U-Boot-Kommandant fragte, ob wir genügend Brot und Frischwasser hätten. Wir erwiderten: „Ja". Dann fragte er uns, ob wir Zigaretten und Streichhölzer hätten? Diesmal sagten wir ihm: „Haben wir keine!". Der Kommandant gab uns Zigaretten und Streichhölzer und zwei Flaschen Branntwein, eine für jedes Boot. Dann bekamen wir Verbandsmaterial für den Funker, der sich seinen Arm gebrochen hatte, und eine Buchse mit roten Leuchtkugeln. Der U-Boot-Kommandant sagte noch, dass er wegen der Versenkung sehr traurig sei, sich unsere Länder aber im Krieg befänden und er seine Pflicht als Soldat tun müsse. Zum Abschied meinte er: „Sie hat es heute erwischt, morgen sind wir vielleicht an der Reihe …"*

*…Der Kommandant des deutschen U-Bootes war etwa 30 Jahre alt. Die U-Boot-Besatzung an Deck trug keine Uniformen, war ein bunter Haufen. Ein Mann trug eine Stoffmütze und eine alte zerrissene Strickjacke wie mein Opa eine hat. Der Kommandant erklärte, er würde uns gerne in die Nähe eines Schiffes schleppen, dürfe dies aber nicht, weil sich in der Nähe zwei feindliche Zerstörer befänden, vor denen er so schnell wie möglich tauchen müsse. Als wir uns entfernten, winkten wir einander noch lange zu, als wären wir die besten Freunde.*

*Der Kommandant war ein anständiger Kerl, er hat für uns getan, was er konnte. Das ist halt der Krieg. Das Boot war anonym, alle Kennzeichen waren übermalt.*

*…Ich verlor durch die Versenkung 20 Pfund Bargeld, aber wenn ich den U-Boot-Kommandanten morgen träfe, würde ich ihm sofort einen Drink spendieren. …*

Ebenso wie die Rettungsboote, hatte sich auch U 29 rasch von der Versenkungsstelle entfernt.

Bei Einbruch der Dunkelheit, der Kalender zeigte immer noch den 13. September, meldete die Brückenwache ein etwa 20.000 Tonnen großes Passagierschiff, das mit hoher Fahrt und Kurs West in Richtung Nordamerika stampfte und natürlich nicht angerührt werden durfte. Otto Schuhart grübelte derweil wegen der beiden Torpedoversager. Er kam zu dem Schluss, dass die Magnetpistolen nach Ablauf der Sicherheitsstrecke durch elektromagnetische Kräfte aus dem Torpedo selbst gezündet haben mussten. LI Hermann Laufs gegenüber meinte er:

„Ich bin heilfroh, dass wir keinem Geleitzug begegnet sind, da hätte ich einen Viererfächer geschossen. Stellen Sie sich mal vor, vier Fehlschüsse, die Sicherungsgruppe hätte uns kalt gemacht. Die Versager müssen wir sofort dem B.d.U. melden!".

Mittlerweile war der 14. September 1939 angebrochen, es war genau 07.15 Uhr, als die Brückenwache einen Tanker ohne Positionslaternen meldete.

„Es ist schon verdammt hell, Herr Kaleu", nöhlte Georg Lassen auf der Brücke.

„Sie haben recht, Lassen, für einen Überwasseranlauf ist es zu hell, der Tanker kann bewaffnet sein", entgegnete Schuhart, „wir laufen jetzt erstmal an Backbord bis zur Grenze der Sichtweite ab und setzen uns dann vor!".

Um 08.30 Uhr wich das Schiff plötzlich von seinem sturen Geradeauskurs ab und begann, wild hin und her zu zacken. Das war die Bestätigung.

„Ein Engländer, der fährt mindestens 13 Seemeilen, Herr Kaleu", meldete der I WO. Schuhart bestätigte mit einem stummen Kopfnicken.

U 29 brauchte mehrere Stunden, bis es sich vor den Tanker gesetzt hatte, das Manöver war aber schließlich erfolgreich. Um 12.10 Uhr ließ Schuhart tauchen und auf Sehrohrtiefe einsteuern. Nervös fuhr er das Periskop aus. Jetzt galt es abzuwarten.

„Leise Schraubengeräusche in 100 Grad", meldete der Funker, auch er war angespannt.

Schuhart fuhr das Sehrohr noch weiter aus.

„Da ist der Pott", zischte er.

Immer größer wurde der Tanker im Periskop. Als er bis auf 2.000 Meter herangekommen war, befahl der Kommandant:

„Auftauchen, bereit zum Artilleriegefecht!".

Schwerfällig tauchte U 29 auf. Dann ging aber alles ganz schnell. Die Geschützbedienung unter Leutnant Forster nahm ihre Gefechtsstation ein. Im gleichen Augenblick gab Schuhart die Feuererlaubnis. Der erste Schuss schlug noch weit vor dem Bug des Tankers in die See, der zweite lag schon besser, unmittelbar vor dem Schiff. Es stoppte sofort.

Alles lief nun genau wie beim letzten Mal ab. Der Funker von U 29 fing eine Meldung des Tankers auf, die den Standort und einen Hilferuf zum Inhalt hatte. Kurz darauf verließ die Besatzung in aller Ruhe und hochdiszipliniert ihr Schiff und bestieg die beiden Rettungsboote. Otto Schuhart hatte sich erneut entschlossen, kein Prisenkommando zum Tanker zu schicken. Wegen der langen Dünung und des hohen Seegangs, erschien ihm das Aussetzen des Dingis als zu gefährlich. Darüber hinaus hätte die Überfahrt zum Tanker zu viel Zeit beansprucht. Schließlich waren offenbar schon Schiffe zur Hilfeleistung unterwegs, und einem Zerstörer wollte der Kommandant nun wirklich nicht begegnen.

Die Tankerbesatzung ließ sich beim Verlassen des Schiffes sichtlich Zeit. Schuhart ahnte, dass er hingehalten werden sollte.

„Zimmermann, signalisieren Sie ‚Schiff sofort verlassen'", befahl er kurz angebunden.

Während der Signalgast mit seiner Morselampe die Nachricht zum Tanker schickte, hetzte Obersteuermann Lemke auf die Brücke:

„Es ist der britische Motortanker ‚British Influence' mit 8.431 Bruttoregistertonnen. Reederei British Tanker Co. Ltd., London, ist ein funkelnagelneues Schiff, das erst in diesem Jahr in Dienst gestellt worden ist, Herr Kaleu".

Schuhart hatte in der Zwischenzeit einen G7a-Torpedo mit Aufschlagzündung klarmachen lassen, er wartete ungeduldig, dass die beiden Rettungsboote endlich vom Tanker ablegten. Dann war es soweit. Punkt 14.15 Uhr gab der Kommandant den Feuerbefehl. Fast perfekt schlug der Torpedo unterhalb des Maschinenraumes ein. Sofort sackte das Schiff mit dem Heck tiefer. Zwanzig Minuten später richtete es sich senkrecht auf und sank über den Achtersteven in die Tiefe.

Danach ließ der Kommandant zu den Rettungsbooten staffeln. Von den Seeleuten erfuhr er, dass die „British Influence" mit 12.000 Tonnen Diesel- und Heizöl beladen auf dem Weg von den USA nach Hull in England war. Während U 29 langsam abdrehte, blieben die beiden Nussschalen an der Versenkungsstelle vor Anker. Die 42 Mann der „British Influence" wurden wenig später vom norwegischen Schiff „Ida Bakke" geborgen, das einen Tag später auch die Überlebenden des britischen Motortankers „Cheyenne", der von U 53 (Heinicke) versenkt worden war, aufnahm.

Ein Besatzungsmitglied der „British Influence" berichtete später über die Versenkung seines Schiffes (deutsche Übersetzung):

*Ich hatte gerade Wache, als ich gegen Mittag eine U-Boot-Silhouette sah. Bevor ich Alarm geben konnte, schoss das U-Boot mit seiner Artillerie. Zugleich wurde signalisiert, dass wir umgehend von Bord gehen sollten. Als die Rettungsboote zu Wasser gelassen worden waren, kam das U-Boot näher, und der Kommandant sagte uns, dass er unser Schiff versenken müsse.*

*Später, nach der Versenkung, kam das U-Boot noch einmal längsseits, und der Kommandant meinte, ein Rettungsschiff würde uns bald aufnehmen. Er feuerte drei Leuchtkugeln in den Himmel, um das Schiff zu rufen, das uns retten sollte. Als es nicht kam, sagte der U-Boot-Kommandant zu uns, wir sollen an Ort und Stelle bleiben, er würde es herbeiholen. Tatsächlich kehrte das U-Boot nach einiger Zeit mit dem norwegischen Dampfer „Ida Bakke" zurück. Als wir alle an*

*Bord des norwegischen Schiffes waren, brachten wir drei „Hurras" auf das deutsche U-Boot und seine Besatzung aus. Die Deutschen erwiderten in gleicher Weise mit drei „Hurras" auf uns, dann wünschten wir uns gegenseitig eine glückliche Heimkehr.*

U 29 hatte auf seiner ersten Feindfahrt bereits drei Schiffe versenkt, ohne dass auch nur ein Mensch zu Schaden gekommen war. Schuhart beschloss, vorerst in dieser Gegend auf und ab zu stehen und abzuwarten. Die See war spiegelglatt, die Dünung lang und flach. Kein Lüftchen regte sich, und die Sonne schien. Es war ein traumhafter Tag. Allerdings war das Meer wie leergefegt. Von Schiffen war weit und breit nichts zu sehen.

Am Nachmittag des 15. September, gegen 16.00 Uhr ging dann ein Funkspruch von U 31 ein. Dessen Kommandant Habekost meldete einen Geleitzug im Quadrat BE 1253 mit Generalkurs 240 und einer Geschwindigkeit von zehn Seemeilen. U 29 stand zu diesem Zeitpunkt im Quadrat BE 8541, direkt vor der irischen Küste auf der nördlichen Schiffsroute in die USA.

„Wenn wir mit Höchstfahrt laufen, könnten wir in der Abenddämmerung noch auf den Geleitzug treffen, Herr Kaleu", schlug Obersteuermann Lemke vor.

Otto Schuhart überlegte kurz, lehnte dann aber ab. Für das neue Operationsgebiet waren nur noch vier Tonnen Brennstoff zur Verfügung, man konnte also bestenfalls neun Stunden Höchstgeschwindigkeit laufen. Zudem war der Kurs des Geleitzuges nicht eindeutig, und mit einer Kursänderung konnte er sich problemlos noch weiter vom Boot entfernen. Der Kommandant entschloss sich, bei Einbruch der Dunkelheit mit sparsamster Fahrt nach Süden zu marschieren.

Am frühen Morgen des folgenden Tages ging ein Funkspruch von U 26 (Ewerth) ein. Das Boot meldete ebenfalls einen Geleitzug, und zwar im Quadrat BF 1413. Kommandant und Obersteuermann beugten sich über die Seekarten in der Zentrale.

„Wenn der Geleitzug geraden Kurs steuert, dann erreichen wir ihn bis heute Mittag, Herr Kaleu", den Obersteuermann hatte das Jagdfieber gepackt.

„Gut, Lemke, wir versuchen unser Glück. Kurs 345 Grad!", befahl Schuhart.

Um 08.10 Uhr kam ein Passagierschiff in Sicht, dem ausgewichen werden musste. Obwohl das Manöver fast eineinhalb Stunden dauerte, kam das Boot rechtzeitig zu dem vermuteten Standort des Konvois. Als der aber auch um 14.45 Uhr noch nicht in Sicht war, beschloss Schuhart, ihm mit einer Kursänderung auf 90 Grad und sieben Seemeilen Fahrt entgegen zu laufen.

Um 17.00 Uhr ließ Schuhart stoppen. Es galt nun, vor allem Brennstoff zu sparen. Da keine weiteren Fühlungshaltermeldungen von U 26 mehr eingegangen waren, war mit dem Auffinden des Geleitzuges kaum noch zu rechnen, wahrscheinlich hatte er in der Morgendämmerung eine Generalkursänderung vorgenommen. Der Kommandant befahl deshalb, nun wieder auf den nordamerikanischen Schiffsweg Kurs zu nehmen.

Sonntag, der 17. September 1939 war ein schöner, klarer Spätsommertag. Die See rollte in langer, ruhiger Dünung nach Osten. Die Kimm war scharf und völlig leer gefegt, keine Rauchwolke war zu sehen, keine Mastspitze, kein Segel tauchte über dem blaugrauen Meer auf. U 29 dümpelte nun südwestlich von Irland, der grünen Insel, über Wasser, fast ohne Fahrt in der endlosen Atlantikflut. Die Bugseen und das Kielwasser funkelten im Sonnenlicht, die Gischt glitzerte. Eigentlich ein friedliches Bild – wenn da nicht das kriegerische U-Boot gewesen wäre. Otto Schuhart und der I. Wachoffizier Georg Lassen standen nebeneinander auf dem Turm, die Wachposten hatten ihre Ledermonturen angezogen und wollene Schals um den Hals geschlungen. Angestrengt suchten sie die Kimm ab. Aber weit und breit war nichts zu sehen. Stundenlang starrten sie sich die Augen aus den Höhlen, aber die See blieb leer. Georg Lassen blickte auf seine Armbanduhr und kratzte sich am Kinn.

„Scheints haben die Tommies Lunte gerochen, Herr Kaleu. Hier ist weit und breit kein Schiff".

„Ja, es hat sich wohl herumgesprochen, dass wir auf dem Kriegspfade sind", witzelte Schuhart.

Leutnant Lassen nahm zum hundertsten Mal an diesem Tag sein Doppelglas vor die Augen, um es nach einiger Zeit wieder resigniert sinken zu lassen. Stunde um Stunde schlich U 29 auf seinem Kurs dahin – Stunde um Stunde suchten die Brückenposten vergeblich das Meer ab. In den engen Wohnräumen des Bootes lagen die Freiwächter auf ihren Kojen und versuchten, sich die Zeit zu vertreiben. Die einen hatten sich in Bücher oder Zeitschriften vertieft, andere schliefen und wieder andere lauschten dem Radio, das die Maschinengeräusche eben noch übertönte. Der Koch, der Matrosenobergefreite Heinz Nuglisch, hantierte vor seinem Kombüsenschapp, das in einem Durchgang zum Motorenraum lag und winzig klein wie eine Puppenküche war.

„Du, Smut, wat jibbed denn zu essen, heut' Abends?", fragte der Rheinländer Willi Hügel.

„Sei ned so neugierich", antwortete der Smut und stellte die Kaffeekanne auf einen der kleinen Herde, „in zehn Minuten gibts an Kaffee, wie bei die führnehmen Leut", sein breiter fränkischer Dialekt war nicht zu überhören.

Ab und an stieg einer der Männer auf den Turm und klemmte sich hinter oberer Plattform und Reling fest, um eine Zigarette zu rauchen. Im Bootsinneren herrschte strengstes Rauchverbot, aber bei Überwasserfahrt durfte jeweils ein Mann auf die Brücke, um seinem Laster zu frönen. Fünf Minuten Zeit hatte er dafür, dann war der nächste an der Reihe, und diese fünf Minuten mussten peinlichst genau eingehalten werden. Nicht umsonst hatte ein Witzbold mit roter Ölfarbe über das Wimpelbrett geschrieben:

„Fünf Minuten wird geraucht, wer länger braucht, wird zusammengestaucht!".

Im Boot selbst war es entsetzlich feucht. Die Wärme im Boot traf auf die Kälte des Meeres, was zur Bildung von Kondenswasser führte, das an den Innenwänden von U 29 herunterlief. Die ständige Feuchtigkeit führte schon nach wenigen Tagen dazu, dass Lebensmittel, Kleidungsstücke und sogar das Bettzeug schimmelten; alles war mit einem widerlichen weißgrauen Schleim überzogen.

Mittlerweile war das Wetter schlechter geworden. Der Wind hatte aufgefrischt und der Seegang stark zugenommen. Das Boot arbeitete sich mühsam gegen die schwere See voran, seine Bewegungen wurden immer unregelmäßiger. Das an Kleiderhaken aufgehängte Ölzeug rieb sich raschelnd an der Wand. Der Smut fluchte leise, als die dickbauchige Kaffeekanne über die Herdplatte schlitterte.

„Vor drei Tagen um diese Zeit haben wir einen 10.000-Tonner unter Wasser geschickt. Das war ein feiner Bissen, Jungs. Und jetzt, jetzt ist tote Hose", grummelte Obersteuermann Lemke. Doch er sollte bald aus seinen trüben Gedanken gerissen werden.

Punkt 16.17 Uhr wurde der achtere Steuerbordposten, der Matrosenobergefreite Karl Jäckel, nervös. Angestrengt sah er durch sein Glas, setzte es ab, putzte die Okulare mit einem sauberen hellgelben Lederlappen und nahm es wieder an die Augen. Dann war er sich sicher: „Rauchfahne voraus!".

Rauchfahne! Endlich das ersehnte Wort. Der I WO Georg Lassen drehte sich zum Kommandanten, der auf die Brücke geeilt war.

„Herr Kaleu, das wird unser Sonntagsbraten".

„Nur ruhig Blut, Lassen, noch wissen wir gar nichts", besänftigte Schuhart, doch da wurde er schon von Karl Jäckel unterbrochen:

„Dampfer zackt, also ein Engländer!".

Otto Schuhart sah noch einmal zur Rauchfahne, die über der Kimm immer größer wurde. Dann hatte er einen Entschluss gefasst:

„Brückenwache ins Boot! Alarmtauchen!".

U 29 pendelte schnell auf Sehrohrtiefe ein, und Schuhart fixierte die Rauchwolke durch das Periskop. Nur er, der I WO, der Obersteuermann und der Rudergänger waren im Turm, die übrigen Besatzungsmitglieder hatten ihre Gefechtsstationen besetzt. Wie bei einem Angriff herrschte atemlose Stille im Boot. Noch wusste keiner, was sich unter der Rauchwolke verbarg – ein Frachter oder gar ein Kriegsschiff? Die Männer am Tiefenruder, die Befehlsübermittler, das Torpedopersonal und die Maschinisten an den Diesel- und E-Motoren, alle stierten verbissen vor sich hin. Otto Schuhart war nun der Einzige, der durch das Sehrohr eine Verbindung zur Außenwelt hatte, und er ganz allein hatte nun die Verantwortung für Besatzung und Boot – und für den richtigen Zeitpunkt zum Losschlagen. Natürlich wusste er, dass seine Männer ungeduldig auf Informationen warteten, und so gab er weiter, was er sah:

„Scheint ein Frachter zu sein, fährt Zickzackkurse, hat also ein schlechtes Gewissen. Das muss ein Engländer sein!".

Nur Sekunden später befahl der Kommandant, auf das Schiff zu operieren. Das war freilich noch weit entfernt, die Verfolgung würde Stunden dauern. Schuhart wischte sich den Schweiß von der Stirn, dann stutzte er plötzlich:

„Da ist ein Flieger bei dem Kahn! Ein Flieger! Das muss ein wertvoller Dampfer sein!".

Allmählich wurde die Rauchfahne aber immer kleiner – das Schiff entfernte sich zusehends –, und schließlich war nur noch eine feine Trübung an der Kimm zu erkennen, dort, wo zuletzt noch Mastspitzen wie feine Nadeln über der See aufgeragt waren. Dann war überhaupt nichts mehr zu sehen. Doch so schnell gab sich Schuhart nicht geschlagen:

„Der Dampfer ist erstmal weg. Wir bleiben aber hier und suchen nach ihm. Weit kann er noch nicht sein, Lemke".

„Vielleicht hat er den Kurs geändert, Herr Kaleu", sinnierte Obersteuermann Lemke, „gesehen hat uns der Flieger jedenfalls nicht, sonst hätte er angegriffen".

Schuhart warf nun in kurzen Abständen Rundblicke durch das Sehrohr. Er ahnte zu diesem Zeitpunkt noch nicht, dass es sich bei dem entdeckten Schiff um ein ganz besonderes britisches Fahrzeug handelte. Wieder prüfte er langsam und sorgfältig die Meeresoberfläche. Plötzlich hielt er inne. War da nicht etwas über der Kimm? Ein dunkler Fleck, ein merkwürdiger, verwischter Schatten? Er presste die Augen angestrengt auf die Gummiringe des Okulars. Mitten im Fadenkreuz des Sehrohrs stand eine seltsame viereckige Rauchwolke mit einem blitzenden Punkt. Er fuhr das Periskop weiter aus. Was er nun sah, trieb ihm den Schweiß auf die Stirn. Im Schein der Abendsonne zeichnete sich ein ungeheuer großes Kriegsschiff ab, das wild hin und her zackte. „Da ist ein riesiger Pott. Verdammt das ist ein Flugzeugträger!", murmelte Schuhart. Dann sah er ihn ganz deutlich – der Traum eines jeden U-Boot-Fahrers. Der Kommandant sah weiter schweigend durch das Periskop. Er hielt Ausschau nach dem Flugzeugträger, aber auch nach dessen Sicherung, den Flugzeugen und Zerstörern, den besten Abwehrmitteln gegen die deutschen U-Boote. Da waren auch schon die Masten eines Zerstörers zu sehen.

Mit kleinster Fahrt steuerte U 29 nun dem Flugzeugträger entgegen. Eine Fernsicherung war nicht festzustellen, die Nahsicherung bestand aus je einem Zerstörer vor und hinter dem gewaltigen Schiff und zwei Flugzeugen, die träge über dem kleinen Konvoi kreisten, der langsam nach Westen lief.

Otto Schuhart hatte sich entschlossen, drei Torpedos mit kleiner Streubreite zu schießen, um möglichst zwei Treffer zu erzielen. In den wenigen Sekunden, die ihm zum Überlegen blieben, sah er das Taschenbuch der Kriegsflotten vor sich. Überdeutlich tauchten die vielen Flottenlisten und Kriegsschiffstypen vor seinem inneren Auge auf. Und darunter befand sich auch der riesige Flugzeugträger – wahrscheinlich ein umgebauter Kreuzer –, den er nun vor sich hatte. Eines von Englands größten Kriegsschiffen! Was Schuhart zu dieser Zeit noch nicht wissen konnte, war, dass es sich bei dem Fahrzeug um die „Courageous" handelte.

„An Besatzung: Angriff auf Flugzeugträger, vermute ‚Ark Royal'. Ich erwarte Ihren vollen Einsatz!", meldete sich der Kommandant bei seinen Männern.

Die Männer sahen sich verwundert an. „Vollen Einsatz" – das hatte ihr Kommandant noch nie gesagt. Ob sie wohl heil aus dieser Geschichte herauskommen würden?

Behutsamen pirschte sich U 29 an den Koloss heran, nur sekundenlang fuhr Schuhart das Sehrohr aus. Es dauerte lange, bis das Boot an den Flugzeugträger herangekommen war. Dann aber war es soweit. Die Entfernung betrug nur noch 3.000 Meter.

„Torpedos klar!", befahl der Kommandant.

Der I WO sauste von einer Gefechtsstation zur anderen, er wollte sich selbst davon überzeugen, dass alles bereit war. Mittlerweile waren die Torpedos programmiert. Im Boot herrschte atemlose Stille. Der letzte Teil der Jagd hatte begonnen! Der Rudergänger am vorderen Tiefenruder kaute auf seiner Unterlippe. Er war nun der entscheidende Mann, von seinem Geschick, das Boot genau in der richtigen Tiefe zu halten, hing der Erfolg des Torpedoangriffs ab. Wenn der Schussbefehl kam, musste das Boot genau waagerecht liegen, zudem musste er der Aufwärtsbewegung, verursacht durch den Gewichtsverlust der ausgestoßenen Torpedos, entgegensteuern, da das Boot sonst die Wasseroberfläche durchbrechen und dann zu einer leichten Beute der Zerstörer werden würde. Die Spannung war unerträglich. Die Männer standen nervös auf ihren Gefechtsstationen, lauerten auf die Befehle des Kommandanten.

„Der Träger hat auf uns zu gezackt", sagte Schuhart, der seine Augen auf das Okular des nur wenig ausgefahrenen Sehrohrs presste, „Mündungsklappen öffnen!".

Ein Zerstörer lief vorbei. Seine Schrauben wühlten die See auf, die im Sonnenlicht glitzerte. Dann war der Flugzeugträger im Fadenkreuz des Periskops. Nun ging alles ganz schnell. Der Kommandant gab die Position des britischen Schiffes an die Semännische Nr. 1 am Torpedovorhalterechner durch: Lage 90 Grad, Geschwindigkeit 15 Seemeilen. Dann gab er fast beiläufig den letzten Befehl:

„Hart Steuerbord, Torpedos los!".

Ein Ruck ging durch das Boot, als es die Geschosse verließen, der allerdings vom Tiefenrudergänger gekonnt abgefangen wurde. Die drei Torpedos waren nun auf ihrem tödlichen Weg.

28

„Beide E-Maschinen AK voraus, schnell auf 50 Meter, LI", rief Schuhart nun hektisch in die Zentrale.

Sofort legte der vordere Tiefenrudergänger das Tiefenruder auf hart unten. Die Freiwächter rannten stolpernd in den Bug, um den Tauchvorgang durch die Gewichtsverlagerung zu beschleunigen. Dann war plötzlich alles wieder ruhig. Gleich müssten die Detonationen zu hören sein. Der Obersteuermann fixierte nervös seine Stoppuhr, zählte die Sekunden. Torpedomaat Engler trat ungeduldig von einem Bein auf das andere. Würden seine so gehätschelten Schützlinge treffen?

Oder hatte sich der Kommandant verschätzt? Waren Fahrt des Gegners, Entfernung und all die anderen Werte, die er für den Torpedoschuss angegeben hatte, falsch? Die Gesichter der Männer waren verzerrt, der Schweiß floss in Strömen. Schweigend warteten sie.

Mittlerweile waren die Torpedos schon zwei Minuten unterwegs. Dann plötzlich: zwei harte Schläge, Stahl traf auf Stahl! Kurz danach viele kleinere Detonationen!

„Treffer", riefen einige Männer, aber ihre Stimmen waren seltsam heiser. Andere klopften sich überschwänglich gegenseitig auf die Schulter, wieder andere lächelten versonnen in sich hinein. Abwesend streichelte der Torpedomaat die Verschlüsse der Ausstoßrohre. Entspannen konnte sich aber niemand.


Etwa sieben Meilen von der „Courageous" entfernt furchte derweil das britische Fahrgastschiff „Collingsworth" durch die leicht bewegte See. Die Passagiere waren gerade vom Abendessen aufgestanden, plauderten angeregt. Viele hatten sich an Deck versammelt, um den schönen Abend zu bewundern, manch einer lehnte rauchend an der Reling.

Auf der Brücke der „Collingsworth" war man nicht so entspannt. Schon seit geraumer Zeit wurde dort eine Rauchwolke beobachtet, die ganz allmählich größer und größer wurde. Bald wurde unter dem Qualm ein riesiger Schiffskörper sichtbar. Dann brauste plötzlich ein Flugzeug heran, das über dem Koloss eine elegante Kurve zog. Deutlich waren auf Tragflächen und Rumpf die englischen blau-weiß-roten Kokarden zu sehen.

„Das ist einer von uns, Captain, ein britisches Flugzeug!", schnaufte einer der Offiziere.

„Na, dann ist der Riesenpott da vorne ein Flugzeugträger unserer Royal Navy. Von dem kommt wahrscheinlich auch die Maschine. Neben ihm laufen Zerstörer zur Sicherung gegen U-Boote", dozierte der alte Kapitän des Fahrgastschiffes.

Einer der jungen Offiziere war bei dem Wort „U-Boote" hellhörig geworden:

„Sie haben doch auch mit U-Booten im Weltkrieg zu tun gehabt, Captain, oder? Erzählen Sie bitte!".

Der leutselige alte Seebär ließ sich nicht zweimal auffordern und berichtete von seinen Einsätzen als „Gunner" (Unteroffizier im Marineschießwesen, d. Verf.) auf einem Harwich-Zerstörer, mit dem er im Ersten Weltkrieg von 1914 bis 1918 im Kanal deutsche U-Boote gejagt hatte.

Während der Kapitän immer begeisterter von seinen Kriegserlebnissen berichtete, war sein Dampfer näher an das große Schiff herangelaufen, das sich nun tatsächlich als Flugzeugträger entpuppte. Von der „Collingsworth" aus waren deutlich Flugzeuge zu sehen, die sich über dem Träger sammelten und dann – eines nach dem anderen – auf dem breiten langen Flugdeck landeten. Von der Abendsonne hell erleuchtet, schimmerte das Kriegsschiff in der Abenddämmerung. Sein Bug ragte wie eine Burg aus dem Wasser, im Wind wehte die weiße

Kriegsflagge mit dem schmalen roten Kreuz – ein Bild des mächtigen, alle Meere beherrschenden England. Etwas weiter nördlich kroch ein Fahrgastschiff der Holland-Amerika-Linie.

„Für die ‚Statendam' ist das Schiff zu klein, vermute, es ist die ‚Veendam'", murmelte der Kapitän der „Collingsworth", der es gleich bemerkt hatte.

Noch weiter weg arbeitete sich ein britischer Frachter unter der roten englischen Handelsflagge mit dem Union Jack nach Osten.

Auf der „Collingsworth" ahnte zu diesem Zeitpunkt niemand, dass unter der Wasseroberfläche der Feind lauerte, dessen Ziel der Flugzeugträger war, der weiter ahnungslos mit fünfzehn Seemeilen direkt ins Unglück lief. Niemand wusste, dass in den Tiefen des Ozeans das deutsche U-Boot U 29 bereits zum Schlag gegen Englands Stolz ausgeholt hatte.

Auch die Fahrgäste an Deck hatten mittlerweile den Flugzeugträger entdeckt. Nur wenige hatten bisher ein Schiff dieser Größe gesehen. Noch während auf der „Collingsworth" die Passagiere entspannt plauderten und der Kapitän sein Seemannsgarn sponn, rief ein Mann plötzlich aufgeregt in Richtung des Trägers deutend:

„Mein Gott, was ist das?".

Wie auf Kommando flogen die Köpfe in die Richtung des Riesenschiffs. Mit weit aufgerissenen Augen und Mündern blickten die Menschen auf das grausame Schauspiel, das sich vor ihnen abspielte, manch einer schluchzte oder schlug die Hände vor das Gesicht. Die Seeleute auf der Brücke nahmen ihre Doppelgläser nicht mehr von den Augen.

An der Bordwand des Flugzeugträgers schoss eine riesige Wassersäule vermischt mit schwarzem Rauch empor, blieb zwischen dem Schornstein und dem Heck sekundenlang stehen und fiel dann wieder in sich zusammen. Nur einen Wimpernschlag später erhob sich eine zweite Wassersäule donnernd am Schiff, noch größer und mächtiger als die erste. Flammen zuckten auf, im Nu breitete sich über das ganze Achterschiff eine lodernde Feuersbrunst. Flugzeuge wirbelten wie Papierflieger durch die Luft, ehe sie brennend ins Meer stürzten. Das breite Deck des Trägers wurde aufgebogen und zerriss wie eine Blechdose. Laut grollend hallte der Donner der Explosionen hinüber zur „Collingsworth".

Mit einem Satz war der Kapitän am Maschinentelegraphen und riss den Hebel nach unten. Gleichzeitig befahl er:

„Hart Steuerbord! Volle Kraft auf den Träger!".

Die Fahrgäste klammerten sich an die Reling und fixierten den Flugzeugträger, während die „Collingsworth" träge auf den neuen Kurs einschwenkte, um dem schwer beschädigten Schiff zu Hilfe zu eilen.

„Das ist die ‚Courageous'", rief einer der Funker auf der Brücke des Passagierschiffs aufgeregt, „hat nur einmal ein kurzes Signal abgegeben, Captain!".

Der nickte nur stumm, er konnte seinen Blick nicht von dem Flugzeugträger abwenden, der rasend schnell Schlagseite nach Backbord bekam und wie ein schwer verwundeter Riese auf der See lag, eingehüllt in Flammen und Rauch.

„Er hat zwei Torpedos abbekommen, je einen im Maschinen- und Kesselraum", stammelte er und eilte schnellen Schritts ans Ende der Brücke. Zornrot war sein Gesicht, als er wieder das Doppelglas hob und angestrengt hinüber zu dem Unglücksschiff schaute.

Die Schlagseite der „Courageous" wurde immer stärker. Die Seeleute rutschten vom flachen Heck, an dem immer noch die englische Kriegsflagge wehte, ins Meer. Auch die Kanoniere in ihren „Schwalbennestern" konnten sich nicht mehr halten und schlitterten quer über das brennende Deck in die brodelnde See. Mit hoher Fahrt waren mittlerweile die Geleitzerstörer herangekommen, setzten Rettungsboote aus und versuchten, die im öligen Wasser treibenden Schiffbrüchigen zu bergen. Auch die beiden anderen Schiffe, die von der „Collingsworth" aus beobachtet worden waren, hatten die „Courageous" erreicht. Sie setzten nun ebenfalls ihre Beiboote aus und beteiligten sich an der Rettung. Kurze Zeit später liefen die Zerstörer wieder ab. Für sie galt es nun, den Kampf mit dem deutschen Feind, der sich unter Wasser verbarg, aufzunehmen.

„Das sind viel zu wenig Rettungsboote – das ist nur ein Tropfen auf dem heißen Stein", schimpfte der Kapitän der „Collingsworth", während er das Schauspiel weiter beobachtete.

Auch am Deck seines Schiffes waren die Vorbereitungen zur Hilfeleistung in vollem Gang. Die Davits waren ausgeschwenkt, die Rettungsboote von ihren Besatzungen besetzt, die große, weiße Schwimmwesten trugen, wie sie bei der britischen Kriegs- und Handelsmarine in Gebrauch waren. Inzwischen sank der Flugzeugträger immer schneller. Die Maschinen schienen zwar noch zu laufen, die „Courageous" machte immer noch ein wenig Fahrt, aber ihr Achterschiff sackte mehr und mehr ab. Schon war es von Wasser überspült. Und urplötzlich schoss das Schiff über das Heck in die Tiefe. Überall trieben Menschen in der See, klammerten sich verzweifelt an Trümmerstücke oder versuchten, in der klebrigen Ölbrühe schwimmend, die Rettungsboote, die von den Helfern ausgesetzt worden waren, zu erreichen

Auch auf dem großen Fahrgastschiff „Veendam" der Nederland-Amerika-Stoomvaart, das träge den Westausgang des Kanals ansteuerte, hatte man die Geschehnisse verfolgt. Gegen 19.00 Uhr, die Fahrgäste lagen bei herrlicher Abendsonne in ihren Liegestühlen auf dem breiten Promenadendeck, kam es plötzlich zu hektischer Betriebsamkeit auf der Brücke des Schiffes. Die Offiziere und die wenigen Glücklichen, die nach dem Lunch mit Kapitän Filippo die Brücke betreten durften, sammelten sich an der Backbordseite. Sie hatten offenbar etwas Interessantes entdeckt.

Die Sonne ging bereits unter, als etwa sieben Seemeilen entfernt vier Rauchwolken auftauchten. Eine große und drei kleinere, die wie Sturmfahnen gegen den rötlichen Himmel standen. Schon bald erschienen unterhalb dieser Wolken Schiffe am Horizont.

„Sind das Kriegsschiffe? Welche Nationalität? Engländer oder Deutsche?", fragte der holländische Kapitän seinen ersten Offizier.

„Englische, Herr Kapitän!", antwortete der wie aus der Pistole geschossen, „ein großes Kriegsschiff, offenbar ein Flugzeugträger, und drei Zerstörer. Ich kann auch schon die Maschinen sehen".

Im orangeroten Streifen der Abendsonne, unterhalb des dunkelblauen Himmels, bewegten sich einige schwarze Punkte, die rasch größer wurden und sich als britische Flugzeuge entpuppten. Auch auf dem Promenadendeck, wo einige der Fahrgäste, bereits zum Dinner umgezogen, flanierten, hatte man die Kriegsschiffe und die Maschinen, die allmählich näher kamen, bemerkt. Mit dröhnenden Motoren donnerten drei britische Kampfflugzeuge dicht über die „Veendam" hinweg, kurvten nach links, sodass die Tragflächen in der Abendsonne blitzten, zogen dann steil gen Himmel und machten sich auf den Rückweg zu ihrem Mutterschiff. Die Reisenden, die dieses Schauspiel bewunderten, winkten und riefen freudig erregt. Winzig klein waren die Maschinen geworden, als sie, eine nach der anderen, zur Landung auf dem Flugzeugträger ansetzten. Auf der „Veendam" beobachteten viele Fahrgäste dieses Manöver von der Reling aus, und auf der Brücke gab derweil der Kapitän seine sachkundigen Kommentare:

„Bei dem großen Kriegsschiff handelt es sich um einen Flugzeugträger, meine Damen und Herren! Es ist einer der ganz großen englischen, wohl die ‚Courageous‘. Mein dritter Offizier hat vor drei Jahren in Plymouth mit seinem Schiff neben ihr gelegen, er kennt sie. Der Koloss hat Radflugzeuge an Bord. Die Zerstörer sind zur Sicherung gegen die U-Boot-Gefahr. Die machen wohl gerade Feierabend für heute, das letzte Flugzeug ist soeben auf dem Deck gelandet“.

Interessiert sahen alle zum Träger. Plötzlich rief ein junges Mädchen, das durch das schwere Fernglas seines Vaters sah:

„Sehen Sie doch, sie machen künstlichen Nebel. Oder was ist das?“.

Der Flugzeugträger war in eine riesige weiße Wolke gehüllt. Der dritte Offizier wollte gerade eine fachmännische Erklärung über künstlichen Nebel und seine Verwendung auf See geben, als ihn der Kapitän mit einer energischen Handbewegung unterbrach:

„Das ist kein Nebel, das sieht vielmehr aus wie zwei gewaltige Wassersäulen, wie …“.

Im gleichen Augenblick wurde er von zwei ungeheuren Detonationen unterbrochen, die von der „Courageous“ herüberdrangen. Aus dem Schiff drang loderndes Feuer und dicker schwarzer Rauch. Selbst aus der großen Entfernung waren umherfliegende Trümmer zu sehen. Die Wucht der Explosionen drang bis zur „Veendam“ und ließ riesige Wellen gegen die Bordwand donnern.

„Auf die ‚Courageous‘ zuhalten! Volle Fahrt voraus, alle Rettungsboote klarmachen!“, der zuvor so gemütliche Kapitän war plötzlich ein anderer Mensch. So hatten ihn die Fahrgäste noch nicht erlebt. Aus dem freundlichen, geduldigen und gesellschaftlich gewandten Führer eines Erholungsdampfers war nun ein Seemann und Berufsoffizier geworden, der sofort handelte.

Mit wenigen Befehlen brachte er sein Schiff zur Unglücksstätte, um zu helfen, wo noch zu helfen war. Es ging um Menschen in Seenot, die um ihr Leben kämpften – keine Seeleute, keine Soldaten und Piloten, einfach nur unglückliche Menschen.

Die Schrauben der „Veendam“ rasten wild, das Kielwasser zeichnete einen weiten Bogen, der wieder zu einer geraden Linie wurde, als das Fahrgastschiff mit hoher Fahrt dem havarierten Träger direkt entgegen steuerte. In der Zwischenzeit hatte der holländische Kapitän die Brücke von den Passagieren räumen lassen, die eilig zum Promenadendeck hinabgestiegen waren und sich neugierig an der Reling sammelten.

„Ganz klar, Torpedotreffer, einwandfrei“, kommentierte der Kapitän und wandte sich dann hektisch an seinen dritten Offizier, „der Schiffsarzt soll das Lazarett klarmachen, der Obersteward warme Getränke bereithalten, leere Kabinen werden für die Verwundeten bereitgestellt. Der erste und der zweite Offizier übernehmen das Aussetzen der Rettungsboote. Teilen sie sofort die notwendigen Männer dazu ein!“.

„Jawohl. Sollen alle Rettungsboote gefiert werden?“.

„Alle vierzehn, selbstverständlich!“, antwortete der Kapitän knapp.

„Wie viel Mann Besatzung hat so ein Flugzeugträger“, fragte einer der Offiziere fast beiläufig.

„Etwa 1.200 bis 1.500!“, antwortete der Kapitän und verzog das Gesicht zu einer schmerzlichen Grimasse.

Diese letzte Auskunft brachte alle auf der Brücke in nachdenkliches Schweigen. Nur das Rauschen der Bugseen unterbrach die Stille. Die Fahrgäste an der Reling betrachteten mitt-

*Otto Schuhart als Divisionsleutnant auf dem Linienschiff „Schleswig-Holstein"*
*in den Jahren 1933/1934.*

*Indienststellung U 29 am 16. November 1936 bei der Deschimag AG Weser in Bremen,
durch den Kommandanten Kapitänleutnant Heinz Fischer.*

*Erste Werfterprobungsfahrten von U 29
auf der Weser.*

*U 29 durchpflügt mit hoher Fahrt*
*die raue See.*

*Im Vordergrund U 29 – im Hintergrund rechts ganz klein der Leuchtturm „Roter Sand"*
*vor Bremerhaven.*

*U 29 auf einer seiner vielen Manöverfahrten
vor Ausbruch des Krieges.*

*U 29 (vorne rechts) mit zwei weiteren U-Booten der U-Flottille „Saltzwedel",
im U-Stützpunkt Wilhelmshaven, U 28 (in der Mitte) und U 30 (links).*

*U 29 vor Kriegsausbruch. Deutlich kann man den hohen und engen Turm*
*des U-Boot-Typs VII-A erkennen.*

*Kapitänleutnant Otto Schuhart. Kommandant
von U 29 seit dem 4. April 1939.*

*Oberleutnant (Ing.) Hermann Laufs, auf dem Foto
als Leutnant abgebildet, war Leitender Ingenieur
(LI) auf U 29 seit dem 1. November 1938.*

*Oberleutnant z. S. Georg Lassen fuhr als I. Wachoffizier auf
U 29. 1941 wurde er Kommandant von U 160.
Ritterkreuz 10. August 1942 / Eichenlaub 7. März 1943.*

*Leutnant zur See Ludwig Forster war II. Wachoffizier auf
U 29. Auf dem Foto ist er als Oberleutnant zur See
und Kommandant von U 654 zu sehen.*

*Otto Schuhart auf der Brücke von U 29.
Eine Seeschwalbe hat sich auf seinem
Fernglas niedergelassen.*

*U-Boot-Kommandant Otto Schuhart
und die Seeschwalbe
beobachten sich neugierig.*

*Die Seeschwalbe hat sich auf dem Handschuh
des Kommandanten niedergelassen. Der Vogel
fühlt sich als Gast auf U 29 sichtlich wohl.*

*Der britische Motortanker „Regent Tiger" war das erste
Opfer von U 29 im Zweiten Weltkrieg. Das Foto zeigt
die schwarze Rauchsäule, die vom Tanker aufsteigt.*

*Der britische Hochseeschlepper „Neptunia" wird am 13. September mit einigen Schüssen aus der 8,8-cm-Kanone gestoppt.*

*Das Rettungsboot der „Neptunia" kreuzt die Fahrtroute von U 29 auf dem Weg zum Marineschlepper, der wenig später durch Artilleriefeuer versenkt wurde.*

*Der britische Motortanker „British Influence" wird einen Tag später gestoppt.*
*Auf der Brücke Otto Schuhart (links im Bild) und sein II WO Ludwig Forster (rechts im Bild).*

*Die „British Influence" liegt gestoppt in der See.*
*Gleich wird von U 29 ein Torpedo abgefeuert.*

*Der Torpedo detoniert am Heck des Schiffes
in Höhe des Maschinenraumes.*

*Die heftige Torpedodetonation lässt die „British Influence"
innerhalb von nur zwanzig Minuten sinken.*

*Die Rettungsboote der „British Influence" blieben etwa sieben Stunden
in der Obhut von U 29.*

*U 29 geht längsseits an die Rettungsboote heran, um die Schiffbrüchigen der
„British Influence" mit Proviant und Wasser zu versorgen.*

*Der britische Flugzeugträger „Courageous"*
*mit 22.500 tons vor Ausbruch des Krieges.*

*Vom Deck der „Courageous"*
*ist gerade ein Flugzeug gestartet.*

*Der britische Flugzeugträger „Courageous" sank am Abend des 17. Septembers 1939*
*nach zwei Torpedotreffern durch U 29.*

*U 29 wird im Jadebusen vor Wilhelmshaven von der Mannschaft*
*des Leichten Kreuzers „Nürnberg" begrüßt.*

*U 29 läuft in die Schleuse
von Wilhelmshaven ein.*

*In der Wilhelmshavener Schleuse:
Begrüßung durch die Kameraden.*

*Kurz vor dem Anlegen von U 29. V.l.n.r.: Otto Schuhart (Kommandant),*
*Hermann Laufs (LI) und Georg Lassen (I WO).*

*Großadmiral Erich Raeder und Kommodore Karl Dönitz (F.d.U.) begrüßen*
*Otto Schuhart nach dessen grandioser erster Unternehmung mit U 29.*

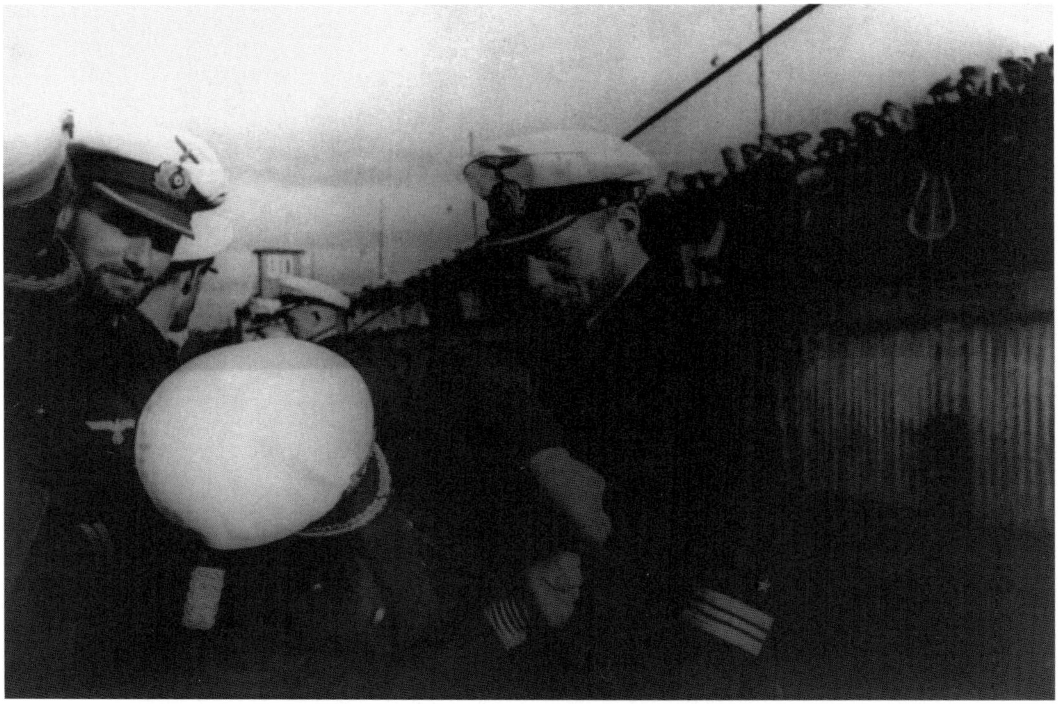

*Otto Schuhart bekommt aus den Händen von Karl Dönitz das Eiserne Kreuz I. Klasse angesteckt.*
*Links im Bild: Oberleutnant (Ing.) Hermann Laufs.*

*Kommodore Dönitz beglückwünscht Otto Schuhart zur*
*Verleihung der Eisernen Kreuze II.- und I. Klasse.*

*Großadmiral Dr. h. c. Erich Raeder,*
*Oberbefehlshaber der Kriegsmarine vom 1. Juni 1935 bis 30. Januar 1943.*
*Ritterkreuz am 30. September 1939 als erster Soldat der Kriegsmarine.*

*Großadmiral Karl Dönitz. F.d.U. vom 1. Januar 1936 bis 16. Oktober 1939, B.d.U. vom 17. Oktober 1939 bis 30. Januar 1943. Oberbefehlshaber der Kriegsmarine, zugleich Befehlshaber der Unterseeboote vom 31. Januar 1943 bis 30. April 1945. Reichspräsident und Oberster Befehlshaber der Wehrmacht vom 1. Mai 1945 bis 23. Mai 1945.*

lerweile erschüttert das Drama, das sich vor ihnen abspielte. Der Flugzeugträger war komplett in Flammen gehüllt, das Deck in der Mitte geborsten und zerknautscht wie eine Blechdose. Flugzeuge schlitterten brennend über die schräge Rollbahn und stürzten in die See. Schon einige Minuten nach den Explosionen bäumte sich das Riesenschiff auf und krängte stark nach Backbord. Die letzten Besatzungsmitglieder waren ins Meer gesprungen, um so der Flammenhölle zu entkommen. Überall schlugen Brände aus dem Rumpf. Eine Weile trieb die „Courageous" kieloben auf dem Wasser, dann, nach einem 20-minütigen Todeskampf, glitt sie langsam, aber endgültig in die Tiefe.

Die „Veendam" hatte mittlerweile die Untergangsstelle erreicht und lag gestoppt. Alle Rettungsboote waren ausgesetzt worden. Die Mannschaften legten sich in die Riemen, schließlich galt es, so schnell wie möglich die britischen Seeleute zu erreichen, die sich im Wasser abkämpften. Auch die Zerstörer und die „Collingsworth" hatten ihre Beiboote gefiert.

Den Schiffsbesatzungen und Rettungsmannschaften bot sich ein entsetzliches Bild. Über eine riesige Fläche hinweg war die See mit einer dicken Schicht Heizöl bedeckt, aus der giftige Dämpfe emporstiegen. Wenn die Schiffbrüchigen nicht ertranken, erstickten sie in dem zähflüssigen Brei. Mit Grausen beobachteten die Retter, wie einer nach dem anderen mit ölverschmierten Augen und ölverkrustetem Haar den Kampf aufgab und im Meer versank. Die vierzehn Rettungsboote der „Veendam" konnten nur einen einzigen Mann retten. Ansonsten wurde nur ein dickes Buch aufgefischt, das Kriegstagebuch des Flugzeugträgers.

An der Untergangsstelle trieben Holzsplitter, zerfetzte Schwimmwesten, Apfelsinenkisten, in Tarnfarbe bemalte Flugzeugteile – ein grauenhaftes Trümmerfeld! –, dazwischen Fische mit geplatzter Schwimmblase, von der furchtbaren Explosion getötet.

Auch die anderen Schiffe hatten ihre Rettungsboote zu Wasser gelassen, die mit ihren kleinen Positionslaternen ein fast romantisches Bild in der Dunkelheit boten.

Der von einem Rettungsboot der „Veendam" aufgefischte englische Seemann war derweil sorgsam an Bord gebracht und vom Schiffsarzt behandelt worden. Kapitän Filippo befahl, weiter nach Überlebenden zu suchen. Er steuerte die „Veendam" direkt in den Ölteppich und ließ die See mit Scheinwerfern beleuchten.

Gegen 00.30 Uhr kam ein Offizier von einem der englischen Zerstörer an Bord der „Veendam", um sich nach Überlebenden zu erkundigen. Der holländische Kapitän konnte aber nur von dem einen Seemann berichten, der mittlerweile gestorben war. Am nächsten Morgen, als dessen Leiche auf der „Veendam" zur Seebestattung vorbereitet wurde, fand man seinen Namen auf einer seiner Socken.

Gegen 01.30 Uhr hatte die „Veendam" ihre Rettungsboote eingeholt und die unterbrochene Reise fortgesetzt. An der Untergangsstelle suchten die Zerstörer weiter nach Überlebenden. Bald schon waren von deren Scheinwerfern nur noch stecknadelgroße Punkte am blauschwarzen Horizont zu sehen, an dem längst Millionen blinkender Sterne aufgezogen waren.

Der Jubel auf U 29 nach den beiden Torpedotreffern währte nur kurz. Schuhart war klar, dass die feindlichen Zerstörer reagieren würden. Er steuerte das Boot zunächst auf eine Tiefe von 90 Metern. Der Zerstörer an Backbord war bereits auf der Jagd, hatte wohl die Position des Bootes an dem Ausstoßschwall der drei Torpedos ausgemacht. Nur wenig später detonierten sechs Wasserbomben in der Nähe des U-Bootes. „Sind zwei Zerstörer, Schraubengeräusche wandern von Steuerbord achtern voraus", meldete der Funkobergefreite Schröter leise. Im Boot war es mucksmäuschenstill. Die Männer blickten nach oben, lauschten angestrengt auf die mahlenden Geräusche der Zerstörerschrauben. Viermal war das Aufklatschen von Wabos auf die Wasseroberfläche zu hören. Dann dröhnten Explosionen genau über U 29, bei etwa 60 Metern Tiefe. Das Boot wurde wild hin und her geschleudert, erzitterte in allen seinen Teilen. Wenige Minuten später fielen noch einmal sechs Wasserbomben, die aber bereits etwas weiter ab detonierten. U 29 sackte zwar auf 105 Meter ab, wurde auf dieser Tiefe aber vom LI abgefangen und in eine stabile Lage gebracht. Dann waren die Sinkgeräusche der „Courageous" zu hören.

„Der ist erledigt", sagte einer der Männer leise, fast traurig.

Über Wasser hasteten derweil die Zerstörer im Zickzack über die Tauchstelle, stoppten, warfen ihre Bomben und jagten wieder davon. Die Detonationswellen schlugen gegen das Boot, polternd fiel das Geschirr des unterbrochenen Abendbrotes im Mannschaftsraum von der Back, Glas splitterte. Unaufhörliche Serien von Wasserbomben gingen auf U 29 nieder. Es war, als ob die Zerstörer grenzenlose Mengen davon hätten. Aber der Druckkörper des U-Boots, aus hochwertigstem Stahl, in der Werft solide verarbeitet, hielt. Nirgends war ein Wassereinbruch festzustellen.

Schuhart schien die Ruhe selbst zu sein. Er hatte getan, was er konnte. Er hatte gejagt, geschossen, getroffen und das Boot sicher auf Tiefe gebracht. Die E-Motoren brummten leise. U 29 konnte nur langsame Fahrt machen, die Geräusche einer höheren Fahrtstufe hätten dem Gegner verraten, wo sie sich gerade befanden.

Erneut näherten sich zwei Zerstörer. Einer überlief das U-Boot zwischen Turm und Bug. Sechs starke Detonationen donnerten an die Bordwand, als würde sie von einem Vorschlaghammer getroffen. Deutlich hörte der Horcher ein starkes Prickeln, wie bei kochendem Wasser.

Bis etwa 22.00 Uhr dauerte das Konzert von explodierenden Wasserbomben und Schraubengeräuschen, mal näher, dann wieder weiter entfernt. In den seit den Torpedoschüssen vergangenen fünf Stunden hatte sich U 29 nur etwa vier Seemeilen weit absetzen können. Noch war man vor den Verfolgern nicht in Sicherheit. Aber die Zeit arbeitete für die deutschen U-Boot-Männer. In der Nacht mussten die Zerstörer ja die Spur verlieren.

Verstohlen sah der eine oder andere auf die Uhr. Unendlich langsam rückten die Sekundenzeiger vor, während der Rudergänger und die Männer am Tiefensteuer unbeweglich auf ihren Posten standen, ein wenig breitbeinig, die Lippen zusammengepresst, die Augen auf die Zeiger der Apparate gerichtet. Plötzlich wurden die Schraubengeräusche der Zerstörer wieder lauter.

„Neuer Anlauf", kam die nüchterne Meldung aus dem Horchschapp.

„Verdammt, verdammt. Die geben keine Ruhe, wollen ihre Kumpels rächen", fluchte der Leitende Ingenieur Laufs in der Zentrale.

Laufs hatte seinen Satz noch nicht zu Ende gesprochen, als zahlreiche Wasserbomben explodierten. Sie lagen aber alle zu hoch, schüttelten U 29 zwar durch, richteten aber keine Schäden an. Weitere Detonationen folgten, aber immer weiter entfernt.

„Schraubengeräusche wandern achteraus", flüsterte Funker Schröter.

„Zehn Grad Steuerbord", befahl Schuhart.

Damit entfernte sich das U-Boot weiter von den Zerstörern. Die Explosionen von Wasserbomben waren bald nur noch leise zu hören, wie das Donnergrollen eines weit entfernten

Gewitters. Dann wurde es endgültig still. 23.56 Uhr: U 29 stand bei einer Tiefe von 60 Metern, als Funkmaat Kindt meldete, dass er keine Peilung mehr habe.

„Wir sind ihnen entwischt!", Schuhart atmete hörbar auf und wischte sich den kalten Schweiß von der Stirn.

Die Gesichter der Männer hellten sich schlagartig auf, sie lachten, umarmten sich. Freude überall, man war dem Tod von der Schippe gesprungen.

„Ich habe 97 Wasserbomben gezählt", stellte der I WO Georg Lassen nüchtern fest, was der Funkobergefreite Schröter nickend bestätigte:

„Jawohl, Herr Leutnant, gekleckert haben die Briten bestimmt nicht!".

„Jedenfalls ist für zukünftige Schlachten entscheidend, dass uns die Zerstörer nicht geortet haben, sondern ihre Bomben nach einem Muster geworfen haben", mischte sich der Kommandant in das Gespräch ein.

„Stimmt, Schallimpulse eines Suchgerätes habe ich nicht gehört", bestätigte Obersteuermann Lemke.

„Und unser eigener Horchempfang war in der großen Tiefe sehr gut und ohne Störgeräusche", meldete sich nun auch wieder Schröter zu Wort.

Über ihn berichtete Otto Schuhart später im Kriegstagebuch nur Gutes:

„Die Beobachtungen wurden von Funkobergefreiten Schröter mit dem Gruppenhorchgerät mit eiserner Ruhe und einer bewundernswerten Ungerührtheit, auch während der kritischsten Momente, gemacht".

Auch der Leitende Ingenieur Oberleutnant (Ing.) Hermann Laufs und die gesamte Besatzung wurden lobend erwähnt:

„Im Übrigen hatte Oberleutnant Laufs das Boot während der ganzen Stunden unter Wasser fest in der Hand. Seine Souveränität übertrug sich schnell auf das Zentralepersonal und die ganze Besatzung. Die Haltung der Besatzung war im Ganzen gut. Wenn auch jeder aus der Lektüre von Kriegsschriften eine Vorstellung von dem Bevorstehenden hatte, so übertraf die Wirklichkeit wohl die Vorstellungen. Die Besatzung wurde durch die mehrstündige Wasserbombenverfolgung stark mitgenommen und hat sich erst am nächsten Tage langsam wieder erholt".

Inzwischen war der 18. September 1939 angebrochen. Schon seit einer Stunde war von den Gegnerschiffen nichts mehr zu hören. U 29 war nun schon seit längerem unter Wasser, und Otto Schuhart hatte es sich auf seiner harten Lederkoje gemütlich gemacht und versucht, ein wenig Schlaf zu finden. Doch er kam nicht zur Ruhe. Immer wieder kehrten seine Gedanken zum Angriff zurück: Wo haben die Torpedos genau getroffen? War der Angriff richtig angelegt? Hätte man es besser machen können? Genügten die Treffer für den endgültigen Untergang des Flugzeugträgers? Die Fragen quälten ihn, machten ihn geradezu unglücklich.

Punkt 03.35 Uhr tauchte U 29 dann auf. Die Brückenwache zog auf und pumpte gierig die frische Luft in die Lungen. In der Zentrale sammelten sich die Männer vor der Turmleiter, um ebenfalls der Reihe nach aufzuentern.

Otto Schuhart wollte sich bis zum Morgengrauen von der Versenkungsstelle absetzen und erst dann das Boot einer gründlichen Untersuchung unterziehen. Die ergab dann am späten Vormittag, dass U 29 die Wasserbombenverfolgung scheinbar vollkommen unbeschadet überstanden hatte. Am Oberdeck waren keinerlei Spuren zu finden. Lediglich das Angriffssehrohr war voll Wasser gelaufen, und selbst nach 24-stündiger Austrocknung waren noch alle Spiegel mit Schlamm und Öl überzogen. Es blieb unbrauchbar. Der Kommandant zermarterte derweil weiter sein Hirn mit der Frage, welche Wirkung der gestrige Angriff letztendlich gehabt hatte. Zum Umkehren, um dem vermutlich schwer beschädigten Schiff den Fangschuss zu geben, konnte er sich aber gleichwohl nicht durchringen. Schließlich waren die Angriffswaffen erschöpft, in den Bugrohren lagen nur noch zwei Torpedos, ein G7a und G7e. Das Angriffssehrohr war ausgefallen, und der Brennstoff reichte nur noch für den direkten Rückmarsch aus.

Die Besatzung war im Gegensatz zu dem Grübler Schuhart fest davon überzeugt, den Flugzeugträger vernichtet zu haben. Die gehorchten Detonationen schienen so stark gewesen zu sein, dass das Schiff entweder geborsten oder in die Luft geflogen sein musste. Die gute Stimmung bei den U-Boot-Männern wurde schließlich noch dadurch gesteigert, dass der Kommandant pünktlich um 10.00 Uhr den Befehl zum Rückmarsch gab.

Gegen Mittag stand Kapitänleutnant Schuhart an die Bordwand gelehnt und lauschte dem englischen Rundfunk, der aus dem Innern des Bootes zu ihm drang. Geistesabwesend schaute er in die unendlichen Weiten des Meeres, als ihn plötzlich eine Meldung aufhorchen ließ:

„Die britische Admiralität gibt bekannt, dass der Flugzeugträger ‚Courageous‘ mit 22.500 Tonnen durch zwei Torpedotreffer versenkt worden ist".

Die Meldung war noch nicht zu Ende, als aus dem Boot schon tosender Beifall, Hurra-Schreie und lautes Gelächter ertönten. Die Männer, die diese Nachricht ebenfalls gehört hatten, waren außer sich vor Freude. Sofort stieg Schuhart nach unten und unterband den Jubel. Aus seiner Sicht war nur eine traurige Pflicht erfüllt worden, für heitere Ausgelassenheit sah er keinen Grund.

Kurz nach Mitternacht des 19. September meldete Schuhart über Funk den Beginn des Rückmarsches und die Vernichtung des britischen Flugzeugträgers „Courageous" an Dönitz. Die Heimreise führte das Boot an der Westküste Irlands vorbei. In der Nacht leuchtete die See derartig hell, als ob sie von Millionen kleiner Glühbirnen erleuchtet wäre. Das Boot musste trotz der geringen Fahrtstufe über Meilen hinweg zu sehen sein. Aber das machte nichts; von feindlichen Schiffen war weit und breit keine Spur.

Am Vormittag, um 11.00 Uhr ging ein Funkspruch des Oberbefehlshabers der Kriegsmarine, Großadmiral Raeder ein, der Kommandant und Besatzung seine Anerkennung aussprach und die Verleihung von Eisernen Kreuzen ankündigte.

Am folgenden Tag entschloss sich Schuhart, zur Abkürzung des Heimweges die Durchfahrt zwischen den Shetlands und den Färöern zu nehmen. Die Brückenposten waren mittlerweile so routiniert, dass sie bei den guten Sichtverhältnissen jedes Schiff und jedes Flugzeug schon von weitem sehen würden. Schon am 21. September erreichte U 29 die Färöer. Die Temperatur war stark gesunken, am Nachmittag zog Nebel auf. Schuhart wollte nun nahe an die Färöer heranfahren, um die Basis der englischen Luftaufklärung zu umfahren, die auf den Orkneys vermutet wurde. Dabei stieß das Boot am Vormittag auf mehrere Fischdampfer – Georg Lassen vermutete Dänen –, vor denen getaucht wurde. Der 22. September 1939 begann völlig ruhig und setzte sich auch so fort. Erst am Nachmittag meldete der vordere Steuerbordausguck:

„U-Boot in Sicht, 340 Grad!".

Die Köpfe von Kommandant und II WO flogen in die angegebene Richtung.

„Scheint ein deutsches U-Boot zu sein, Herr Kaleu", murmelte II WO Forster nach wenigen

Sekunden. „Glaube ich auch, wir gehen näher ʼran", befahl Schuhart. U 29 war hier, weit weg von der Heimat, auf U 34 getroffen. Die beiden Kommandanten – Schuhart und Kapitän-leutnant Wilhelm Rollmann – tauschten mit der „Flüstertüte" kurz Erfahrungen aus, dann trennte man sich wieder.

Das Boot passierte bald darauf die Enge zwischen den Shetland-Inseln und Norwegen und steuerte weit ab von englischen Stützpunkten die tiefen Gewässer der norwegischen Rinne an. Am folgenden Tag stand man bereits bei der Südspitze der Shetlands. Das Meer schien wie leergefegt, von einer englischen Seeüberwachung war weit und breit nichts zu sehen. Das schlechte Wetter mit tiefhängenden Wolken, dazu der hohe Seegang verhinderten offenbar den Start der Luftaufklärer. Am Abend kam ein norwegischer Dampfer in Sicht, aber wegen der miserablen Witterung war es nicht möglich, ihn nach Prisenordnung anzuhalten.

Am 24. September erreichte U 29 bei Lindesnes die von Ost nach West führenden See-handelsstraßen und sichtete zwei Schiffe, die aber wegen des hohen Seegang abermals nicht gestoppt werden konnten.

„Ganz schön viel Verkehr im Skagerrakgebiet, Herr Kaleu", grinste der I WO, der am Horizont mehrere Rauchfahnen gesehen hatte.

„Scheint so", entgegnete der Kommandant, „die Jagd ist für uns aber erstmal zu Ende. Die Brennstoffbunker sind fast leer".

Gegen 14.00 Uhr beobachtete man U 34, wie es das estnische Schiff „Hanonia" anhielt. Nachdem die Ladung aus Bannware bestand, also für England bestimmt war, wurde der Frachter als Prise aufgebracht und nach Deutschland geleitet.

„Verdammt zäher Kerl, der Rollmann", schmunzelte Otto Schuhart. In seinen Worten war die Bewunderung, die er dem Kameraden über entgegenbrachte, deutlich zu hören.

„Wenn wir nur genug Brennstoff hätten, dann könnten auch wir noch einige Dampfer aufbringen, Herr Kaleu", stöhnte Georg Lassen, „schließlich sind hier weit und breit keine englischen Luft- und Seestreitkräfte".

Gegen 21.50 Uhr lief U 29 ins Minenwarngebiet ein. Den Durchschlupf zu finden, war für den Navigator wegen der starken Strömung ein schwieriges Unterfangen. Obersteuermann Lemke musste ständig die Position kontrollieren, und mehr als einmal hörte man ihn gottes-lästerlich fluchen. Ausschlaggebend für die genaue Steuerung des U-Bootes war das Lot, mit dessen Hilfe letztendlich die Rinne dann aber doch sicher erreicht wurde.

Am Morgen des nächsten Tages ließ Schuhart U 29 bei 47 Metern Wassertiefe auf Grund legen. Abends tauchte das Boot dann wieder auf und setzte den Rückmarsch fort. Am 26. September kamen gegen 07.00 die Türme von Borkum über der Kimm in Sicht, U 29 hatte damit das Minenwarngebiet verlassen.

10.15 Uhr: Feuer im Schiff.

Die Besatzung schreckte auf. Kurz vor dem Einlaufen in den Heimathafen war ein Brand ausgebrochen – das Gefährlichste, was auf einem U-Boot passieren konnte. Sollte das das Ende sein?

„Ich verlange genaue Meldungen?", brüllte der Kommandant in den Maschinenraum, aus dem dunkler Qualm hervordrang.

„Brand im E-Maschinenraum durch Kurzschluss im Fahrtrichtungsschalter", keuchte der Leitende Ingenieur, der ein nasses Taschentuch vor seinen Mund hielt, „nichts Dramatisches, Herr Kaleu, nur die Farbe der Verkleidungsbleche hat Feuer gefangen". Wenige Minuten später war der Brand denn auch schon gelöscht, die Steuerbord-E-Maschine war allerdings defekt. Der Schaden hätte zwar mit Bordmitteln behoben werden können, doch so kurz vor dem Einlaufen verzichtete der Kommandant auf eine Reparatur, das sollten die Experten in der Werft übernehmen.

Am 25. September, gegen 12.30 Uhr erreichte U 29 die Jade und lief drei Stunden später durch die Einfahrt III nach Wilhelmshaven ein, wo es um 16.50 Uhr im U-Stützpunkt festmachte. Die Männer von U 29 standen in ihrem schmutzigen Lederzeug und mit wild wuchernden Bärten an Deck.

Auf der Pier herrschte schon seit einer Stunde Hochbetrieb. Offiziere der Kriegsmarine waren ebenso versammelt wie eine Ehrenkompanie. Auf Anordnung des Befehlshabers der Unterseeboote, Karl Dönitz, waren die Angehörigen der beiden Flottillen „Saltzwedel" und „Hundius" in Paradeaufstellung angetreten. Die Stiefel blitzten, die Uniformen waren tadellos sauber, jeder Knopf glänzte. Welch grotesker Unterschied zu den abgerissenen Heimkehrern.

Dönitz stand mit seinem Stab mitten in einer jubelnden Zuschauermenge auf der Pier. Den Männern von U 29 wurde zunächst ein dreifach donnerndes „Hurra" zugerufen. Eine Militärkapelle spielte stramme Marschmusik. Sogar die deutsche Wochenschau machte Filmaufnahmen, schließlich war Otto Schuhart für die Kriegsmarine der Mann der Stunde, der vier Versenkungen verbuchen konnte, darunter zwei Tanker und vor allem den Flugzeugträger „Courageous". U 29 hatte auf seiner ersten Feindfahrt 41.905 Tonnen versenkt – ein Rekord, der für einige Zeit bestehen bleiben sollte.

Im ganzen Trubel näherte sich eine Autokolonne. Die Front der Soldaten war mit einem Ruck stillgestanden. Über die Pier hallten Kommandos. Die Ehrenkompanie präsentierte das Gewehr, und Werner Hartmann, der Flottillenchef der Flottille „Hundius", kommandierte:

„Die Augen – rechts – zur Meldung an den Führer!".

Wie an einer Schnur gezogen flogen die Köpfe der Männer herum. Hitler und Großadmiral Raeder waren aus dem Auto gestiegen, drückten Dönitz kurz die Hand und schritten dann gemeinsam die Front der Soldaten und der Ehrenkompanie ab. Hitler schien gut gelaunt zu sein, er strahlte vor Vergnügen.

Dann betraten Hitler, Raeder und Dönitz das Deck von U 29, wo sie an den aufgereihten U-Boot-Männern vorbeidefilierten. Als Hitler bei Kapitänleutnant Otto Schuhart ankam, schüttelte er überschwänglich seine Hand und sagte:

„Ich danke Ihnen!".

Dann begrüßte er die Besatzung, der der Stolz ins Gesicht geschrieben war, hatte doch die U-Boot-Waffe an sich, aber auch jeder einzelne Mann gerade die erste Bewährungsprobe mit Glanz und Gloria bestanden.

Anschließend überreichte Großadmiral Erich Raeder dem Kommandanten von U 29 gleichzeitig das Eiserne Kreuz II. und I. Klasse und sämtlichen Offizieren und Besatzungsmitgliedern das Eiserne Kreuz II. Klasse. Dann durften die U-Boot-Fahrer endlich in ihre Quartiere wegtreten. Jeder sehnte sich nach einer heißen Dusche, einer Rasur und frischer Wäsche. Am Abend gab es eine kleine Feier, an der auch die Kameraden von den anderen Booten der Flottillen „Saltzwedel" und Hundius" teilnahmen. Nach dem Abendessen erzählte Hitler im Offiziersheim vom zu Ende gehenden Feldzug in Polen, und Otto Schuhart berichtete mit mageren Worten von seiner Feindfahrt und den grandiosen Erfolgen.

Am Vormittag des nächsten Tages vervollständigte Schuhart dann das Kriegstagebuch von

U 29. Zusammenfassend schrieb er kurz, trocken und ein wenig ungelenk, wie es seine Art war:

A. *Boot: Größere Störungen traten nicht auf. Während der Wartezeit im Atlantik war durch Durchbrennen einer Feldwicklung die Hauptlenzpumpe für zwei Tage ausgefallen. Die Störung wurde mit Bordmitteln beseitigt.*
*Das Boot erwies sich, was See- und Tiefensteuereigenschaften anbetrifft, als vorzüglich. Kummer machte nur der Brennstoffverbrauch. Bei höherer Fahrtstufe (z. B. beim Versuch an den Geleitzug zu kommen, Jagd auf den Tanker „British Influence" usw.) wurde jedes Mal schmerzlich viel Brennstoff benötigt. Ich trat mit zu wenig Brennstoffreserve den Rückmarsch an, wodurch in den letzten Tagen ernste Sorgen entstanden. Es lagen keine Erfahrungen vor, wie weit die Brennstoffbunker leer gefahren werden konnten, und es zeigte sich, dass bei Seegang schon bei einem Restbestand von vier bis fünf Tonnen Schwierigkeiten bei der Förderung auftreten. In einer ungünstigeren Jahreszeit mit viel schlechtem Wetter und Fahrtverlust durch Seegang wird dieser Punkt berücksichtigt werden müssen.*

B. *Besatzung: Der Gesundheitszustand war gut; ernsthafte Erkrankungen traten nicht auf. Unbefriedigend war auf die Dauer die Verpflegung. Die vorgesehene Ausrüstung war mengenmäßig ausreichend, entsprach aber nicht dem Geschmack. Das Boot hat diesbezüglich auf seiner ersten Reise wertvolle Erfahrungen gesammelt. Ich rege an, die Bordverpflegung qualitätsmäßig zu verbessern.*
*Im Übrigen stellte die 39-tägige Unternehmung an die Besatzung sehr große Anforderungen. Die Hauptlast hatten die Mannschaftsdienstgrade zu tragen, denen neben dem Wachegehen in zwei Schichten auch noch eine Menge Nebenaufgaben zufielen, z. B. eigene und Messe-Backschaft, Reinschiff, notwendige Arbeiten am Boot usw. Der Ausguck war ständig mit zwei Mann besetzt. Das bedeutet, dass zu den fünf Mann des seemännischen Personals ein sechster Mann – ein Mechanikergast – einspringen musste, der andererseits wieder bei laufenden Arbeiten an den Torpedos nicht entbehrt werden konnte. Fazit: Mindestens ein Seemann und ein Mechaniker mehr sind dringend erforderlich, um die Wachgänger von Nebenaufgaben möglichst freihalten zu können. Grundsätzlich muss versucht werden, bei der nächsten Fahrt so viel Personal wie der Platz erlaubt mitzunehmen, damit wäre auch die Ausbildung von mehr U-Anwärtern gewährleistet.*

C. *Militärisch:*
  1. *Operationsgebiet: Im Operationsgebiet B (westlich von Irland) wurden keine Erfolge erzielt; das Gebiet E (südwestlich von Irland) erwies sich als günstig. Begünstigt wurde der Aufenthalt durch das ruhige, schöne Wetter und die ausgezeichneten Sichtverhältnisse. Durch die Landferne konnten Gegenmaßnahmen nicht beobachtet werden.*
  2. *Torpedowaffe: Eine Enttäuschung bereitete die Torpedowaffe. Das vorzeitige Detonieren von zwei G7e-Torpedos erschütterte zeitweilig das Vertrauen stark. Unabhängig von der Anweisung der Torpedoversuchsanstalt, die Torpedos tief einzustellen, haben wir von uns aus schon zu dieser Maßnahme gegriffen und angeordnet, die Torpedos so flach wie möglich einzustellen.*
  *Auf die „Courageous" wurde ein Torpedo mit einer Sicherheitsstrecke von 200 Metern geschossen. Nicht erprobt werden konnte, bis zu welchem Seegang bzw. welcher Dünung die Torpedos im Atlantik verwendet werden können. Es bestehen Zweifel, ob bei flacher*

*Tiefeneinstellung, wie es bei Schüssen auf Zerstörer notwendig ist, der Torpedo, ohne die Oberfläche zu durchbrechen und so abgelenkt zu werden, richtig einsteuert. Nach den gemachten Beobachtungen und angestellten Überlegungen sehe ich Seegang 4 als obere Grenze für den Überwasserschuss und Seegang 5 für den Unterwasserschuss.*

3. *Handelskrieg nach Prisenordnung: Überlegungen, wie aufgebrachte englische Dampfer behandelt werden müssen, um den Bestimmungen der Prisenordnung gerecht zu werden, stellten sich, als der erste Tanker „Regent Tiger" gestoppt wurde, als überflüssig heraus. Drei Schüsse mit dem Geschütz wirkten Wunder, jedes langwierige Flaggensignalisieren ist überflüssig. Dieses Vorgehen bewährte sich auch bei den weiteren Schiffen. Der Versuch, den Gebrauch von Funk zu unterbinden, erübrigt sich, weil alle Engländer mit Maschinensendern ausgerüstet sind.*

   *Wenn man betrachtet, wie gut die Engländer schon in den beiden ersten Kriegswochen auf den U-Boot-Krieg eingestellt waren (Zickzackkurse, Funk, Haltung der Besatzung), so ist zu erwarten, dass sie in Zukunft härtesten Widerstand leisten werden.*

   *Neutrale wurden in keinem Fall angehalten, da kein Erfolg zu erwarten war. Die meisten Neutralen, die getroffen wurden, lagen auf Nord-Süd-Kurs und waren Skandinavier. Neutrale mit Ostkurs, die alleine Erfolg versprochen hätten, wurden bis auf Passagierdampfer nicht getroffen. Mir schien es wichtiger, die neutralen Schiffe möglichst höflich zu behandeln, um den guten Ruf des Deutschen Reichs zu wahren.*

   *Im zweiten Teil der Fahrt, als die erweiterte Banngutliste veröffentlicht war, wurden keine Neutralen mehr getroffen.*

Diese Niederschrift war Otto Schuharts letzte Amtshandlung auf der ersten Feindfahrt. Da U 29 für längere Zeit in die Werft musste, konnte nun auch er in den wohlverdienten Urlaub fahren: natürlich in seine Heimatstadt Hamburg.

# Der Untergang der „Courageous" aus britischer Sicht

Das erste Kriegsschiff der Königlich Englischen Marine, das bereits im ersten Kriegsmonat versenkt wurde, war der britische Flugzeugträger „H.M.S. Courageous" mit 22.500 Tonnen. Das Schiff wurde bei der Firma Sir W.G. Armstrong, Whitworth & Co. Ltd. in Newcastle upon Tyne gebaut und war ursprünglich ein Kreuzer. Der Bau begann im März 1915, und am 4. November 1916 erfolgte die Indienstnahme. Die „Courageous", zu Deutsch die „Mutige", war ein Schiff des britischen Kriegsprogramms und im Jahre 1915 von Lord John Arbuthnot Fisher, erster Seelord der Royal Navy, für Operationen in der Ostsee entworfen worden. Im Rahmen dieses groß angelegten Plans entstanden sehr leichte Schlachtkreuzer, die später Landungsunternehmen an der pommerschen Küste durchführen sollten.

Bei ersten Probefahrten kam die „Courageous" in schweres Wetter, wobei eine Gegensee das Vorschiff demolierte. Darauf wurde die Oberdecksbeplankung verdoppelt, womit diese Schwachstelle behoben war. Der Kreuzer kam in den letzten beiden Jahren des Ersten Weltkrieges in der Nordsee zum Einsatz und nahm am zweiten Seegefecht vor Helgoland teil.

Im Juni 1924 wurde die „Courageous" nach Devonport, ein Flottenstützpunkt in Plymouth, verlegt, um in einen Flugzeugträger umgebaut zu werden. Die Arbeiten waren am 5. Mai 1928 vollendet, die Kosten dafür lagen bei zwei Millionen Pfund. Das Schiff hatte nun eine Länge von 239,8 Meter, eine Breite von 27,6 Meter und einen Tiefgang von 8,5 Meter. Es konnte 48 Torpedoflugzeuge aufnehmen. Die reguläre Besatzung bestand aus 1.217 Mann, von denen Ende Juli 1939 ein Großteil Reservisten waren. Die „Courageous" war mit einer Höchstgeschwindigkeit von 32 Knoten eines der schnellsten Kriegsschiffe der Welt, in einer Rekordzeit von weniger als vier Tagen hatte sie den Atlantik überquert.

Das ungeheuer lange Oberdeck war die Start- und Landebahn für die Flugzeuge und lag frei auf dem Rumpf, der Schornstein und die Brücke befanden sich weit hinten auf der Backbordseite. So konnten die Flugzeuge die gesamte Länge des Schiffs nutzen. Das Deck war mit langen weißen Linien, unterteilt in die englische Maßeinheit Fuß, markiert, die den Maschinen genau zeigten, wo sie zu landen hatten. Im Deck waren versenkbare Scheinwerfer montiert, die auch Nachtlandungen ermöglichten. Rings um das Schiff war ein starkes Netz angebracht, das die Flugzeuge auffangen sollte, die bei ihrer Landung über die Bahn hinausgeschossen waren. Der achtere Teil des Trägers konnte wie ein gigantischer Lift zu dem darunter liegenden geschlossenen Deck hinabgelassen werden. Dieses untere Deck bildete einen riesigen Hangar, in dem die Flugzeuge parken konnten, gewartet wurden und in dem auch die Waffen und alle anderen Geräte untergestellt waren. An der Außenseite des unteren Decks waren sechzehn 4,7-inch-Geschütze angebracht, mit denen der Flugzeugträger gegen Artillerieangriffe von See und aus der Luft verteidigt werden konnte.

Die „Courageous" war für die Piloten kein einfacher Träger. Es passierte oft, dass der Luftstrom das Heck eines Flugzeugs wie ein starker Wasserfall nach unten drückte oder die heißen Abgase aus dem Schornstein den landenden Maschinen Auftrieb gaben, obwohl eigentlich das genaue Gegenteil erwünscht war.

Das in Devonport beheimatete Kriegsschiff stand unter dem Kommando von Captain W.T. Makeig-Jones. Die anderen Flugzeugträger der britischen Marine bei Kriegsausbruch waren die „H.M.S. Eagle", die „H.M.S. Hermes", die „H.M.S. Furious", die „H.M.S. Glorious" und die „H.M.S. Ark Royal". Dazu kam die „H.M.S. Argus", die allerdings schon älter war und mit ihrem flachen Flugdeck ohne Aufbauten in Reserve lag.

Um die deutschen U-Boote besser bekämpfen zu können, teilte die britische Führung die Überwasserschiffe und Flugzeuge, die zum Handelsschutz abgestellt waren, in U-Jagdgruppen ein, die an den wichtigsten strategischen Punkten rund um die Britischen Inseln stationiert wurden. Bereits am 31. August 1939 hatten alle Kriegsschiffe der „Home-Fleet" – so die traditionelle Bezeichnung für die Schiffe der Royal Navy, die dem Schutz der Hoheitsgewässer Großbritanniens dienten – ihre Standorte eingenommen oder waren auf dem Wege dorthin, vollständig aufmunitioniert und bereit zum Kampf. In Portland lagen die Flugzeugträger „Courageous" und „Hermes" mit den Schlachtschiffen „Resolution" und „Revenge", den Kreuzern „Ceres", „Caradoc" und „Cairo" sowie neun Zerstörern der 18. Zerstörerflottille.

In den vergangenen Jahren hatte die „Courageous" zahlreiche prominente Besucher zu verzeichnen. 1936 hatte sie der englische König Edward VIII. in Portland besichtigt. Im Jahre 1938 kam sein Bruder König George VI. in Weymouth an Bord des Trägers, wo er im Hangar an einem Konzert teilnahm. Später besuchte er das Schiff während einer Inspektion der Reserveflotte in der Weymouth Bay vor Portland noch einmal.

Als der Zweite Weltkrieg am 1. September 1939 mit dem Polenfeldzug der deutschen Wehrmacht begann, lag die „Courageous" noch in Portland. Am Abend des 2. September lief sie, begleitet vom Zerstörer „Sturdy", in die Bucht von Plymouth. Hier bekam die Besatzung am 3. September 1939 die Nachricht, dass zwischen England und Deutschland nun Krieg war. Noch am gleichen Tag wurde entschieden, dass die „Courageous" in Devonport vor Anker gehen sollte.

Am späten Abend des 4. September lief der Flugzeugträger aus. Er sollte zusammen mit dem Schlachtschiff „Ramillies" zur „Channel Force" stoßen. Die englische Führung hatte von starken Aktivitäten deutscher Kriegsschiffe auf der Schillig-Reede in Wilhelmshaven erfahren und fürchtete deren Auslaufen in den Ärmelkanal. Doch schon kurz darauf wurden die Befehle für den Flugzeugträger wieder kassiert. Die „Courageous" sollte nun mit drei Zerstörern – „Kempenfeld", „Ardent" und „Echo" – in den Atlantik laufen, um dort deutsche U-Boote zu jagen und damit die Handelsschiffe zu beschützen. Das Schiff hatte kein einziges Jagdflugzeuge zum Eigenschutz an Bord, da deutsche Maschinen das Seegebiet südwestlich von Irland sowieso nicht erreichen konnten, dafür aber 48 Doppeldecker, die U-Boot-Bekämpfungsmittel trugen. Die Begleitzerstörer waren mit Asdic-Geräten zur Ortung von U-Booten und einer großen Anzahl von Wasserbomben ausgerüstet. Personelle Lücken in der Besatzung wurden mit Reservisten aufgefüllt, die zum Teil schon über 50 Jahre alt waren und bereits den ganzen Ersten Weltkrieg über aktiv waren.

Im Atlantik unterstand die „Courageous" dem Befehlshaber für die „Western Approaches" (westliche Zugänge). Das Schiff sollte, solange es der Brennstoffvorrat erlaubte, auf See bleiben, nachdem das Auslaufen von Geleitzügen von Liverpool und der Themsemündung nach Nordamerika und von den englischen Kanalhäfen zu französischen Biskaya- und Kanalhäfen kurz bevorstand.

Bereits Monate vor Kriegsbeginn war in England eine Regierungsabteilung eingerichtet worden, die die Zusammenarbeit von Marineministerium und Schiffseignern forcieren sollte und zugleich die Bewaffnung der gesamten britischen Handelsflotte plante und organisierte. So konnten bei Kriegsbeginn innerhalb weniger Tage Handelsschiffe mit Geschützen – meist aus verschrotteten Schiffen – ausgerüstet werden. Reservisten der Marine, aber auch rasch geschulte Handelsschiff-Seeleute wurden in aller Eile an diesen Waffen ausgebildet.

Am 10. September 1939 meldete der Flugzeugträger seine erste Verwicklung in Kampfhandlungen. Einer seiner „Swordfish"-Doppeldecker hatte ein U-Boot angegriffen und beschädigt. An diesem Tag erlitt der Träger aber auch seinen ersten Verlust, als eine „Swordfish" nicht zurückkehrte. Das Flugzeug flog in den Wolken über dem Träger, wurde zwar gehört, aber nicht gesehen. Es stürzte vermutlich ab, als das Benzin zu Ende gegangen war.

Nach einem folgenden kurzen, nicht einmal 48-stündigen Aufenthalt in Plymouth verließ die „Courageous" den Hafen wieder. Hunderte von Menschen beobachteten das Auslaufen am Samstag, den 16. September 1939, um 10.30 Uhr. Der Träger lief westwärts in den Atlantik, in sein neues Operationsgebiet südwestlich von Irland. Diesmal wurde er von den britischen Zerstörern „Inglefield", „Ivanhoe", „Impulsive" und „Intrepid" begleitet. Südlich von ihm hielt sich bereits der Flugzeugträger „Hermes" auf, ebenfalls zur U-Boot-Bekämpfung.

Die Kommandanten der beiden Schiffe hatten am Donnerstag, den 14. September 1939 an einer Sitzung des Marinehauptquartiers teilgenommen, wo ihnen die letzten Lageeinschätzungen mitgeteilt wurden. Beiden Schiffsführern wurde für die Jagd völlig freie Hand gelassen. Das Ziel war die Zerstörung feindlicher U-Boote, egal wie. Ihnen wurde eingeschärft, dass sie, wenn sie einmal Fühlung an einem U-Boot hatten, dieses so lange jagen sollten, bis es zerstört war.

Am 16. September, um 20.35 Uhr bekam der Zerstörer „Impulsive" Kontakt zu einem Unterwasserfahrzeug und fuhr, unterstützt vom Zerstörer „Inglefield", zwei Wasserbombenangriffe, die allerdings ohne sichtbaren Erfolg blieben. Bis 21.50 Uhr wurde gesucht, dann brach man das Manöver ab. Die Zerstörer kehrten zum Träger zurück und ordneten sich gegen 07.00 Uhr, am 17. September etwa zehn Seemeilen südlich der „Courageous" in deren Schutzschirm ein. Zur gleichen Zeit startete eine Patrouille von drei Flugzeugen in Plymouth zur Aufklärung. Die Maschinen hielten sich den ganzen Tag über etwa 15 Seemeilen links und rechts des Flugzeugträgers auf.

Die ersten Warnungen vor einem deutschen U-Boot erhielt die englische Kampfgruppe um 15.45 Uhr, als die britische „Kafiristan" über Funk meldete, dass sie von einem U-Boot mit Artilleriefeuer angegriffen worden sei. Die Position lag etwa 130 Seemeilen westwärts der Kampfgruppe. Die „Kafiristan" mit 5.193 Bruttoregistertonnen wurde später von U 53 unter dem Kommando von Kapitänleutnant Ernst-Günter Heinicke versenkt. Unmittelbar nach Eingang des Funkspruchs wurden die beiden britischen Zerstörer „Inglefield" und „Intrepid" zur gemeldeten Position geschickt, um das U-Boot zu jagen. Die Zerstörer „Ivanhoe" und „Impulsive" blieben derweil beim Flugzeugträger. Zudem starteten vier Flugzeuge von der „Courageous", die ebenfalls an der Suche nach dem U-Boot teilnahmen. Tatsächlich gelang es einer „Swordfish"-Maschine, U 53 zu finden und anzugreifen. Das U-Boot konnte aber nur unter Wasser gedrückt, nicht beschädigt werden.

Um 16.45 Uhr machte sich der Rest der Kampfgruppe auf den Weg zu U 53. Während des Anmarsches übten die Flugzeuge der „Courageous" Starts und Landungen, was wegen des unzureichenden Ausbildungsstandes der Beobachter und Piloten auch bitter nötig war, denn zu häufig hatten sie bisher den Träger beim Landeanflug verfehlt. Bei diesen Manövern verloren zwei der vier gestarteten „Swordfishs" die Orientierung und konnten erst durch Funkpeilungen wieder auf den richtigen Weg gebracht werden. Danach wurden vorerst alle weiteren Luftpatrouillen, trotz der sehr guten Sichtverhältnisse, abgesagt. Gegen 18.00 Uhr erhöhte der Flugzeugträger seine Geschwindigkeit auf 25 Knoten, um die übenden Maschinen möglichst schnell zu erreichen, steuerte dabei aber weiterhin ständig Zickzackkurse. Der Nachteil an der hohen Geschwindigkeit war allerdings, dass die beiden Zerstörer ihre Asdic-Geräte nicht wirksam einsetzen konnten. Vierzig Minuten später wurde die Geschwindigkeit dann sogar auf fast 27 Knoten erhöht, um die zurückkehrenden Flugzeuge schneller zu erreichen. Nun waren die Zerstörer sogar gezwungen, ihre Asdic-Antennen komplett einzufahren. Die ersten Flugzeuge kehrten um 19.00 Uhr zum Träger zurück, die „Courageous" reduzierte darauf ihre Geschwindigkeit auf 18 Seemeilen, ab 19.15 Uhr konnten die Zerstörer auch wieder ihre Asdic-Antennen ausfahren.

Die Maschinen, die noch in der Luft waren, wussten wegen der befohlenen Funkstille nichts davon, dass ein deutsches U-Boot in der Nähe war und flogen bis an die Grenze ihres Aktionsradius, dann kehrten sie um und erreichten mit dem letzten Tropfen Sprit den Flugzeugträger. Der letzte Rückkehrer war der Pilot A.C.B. Lamb. Die Treibstoffanzeige seiner „Swordfish" stand bereits auf null, als er sich der „Courageous" näherte. Der Einwinker auf dem Deck des Trägers versuchte verzweifelt dem Flugzeugführer zu signalisieren, dass er die Landung abbrechen solle. Doch Lamb hatte nicht einmal mehr so viel Benzin, um abwarten zu können, bis der Träger in die günstigste Landeposition manövriert war. Er riskierte trotz der gefährlichen Querwinde die sofortige Landung, die ihm nur mit sehr viel Glück gelang.

Um 19.58 Uhr trafen die „Courageous" völlig überraschend zwei Torpedos an der Backbordseite, direkt hinter der Brücke. Es waren die Geschosse von Otto Schuhart und seinem U 29.

Schuhart hatte schon am Nachmittag eine „Swordfish" gesehen und sich über deren Position, sehr weit von jeder Landebasis entfernt gewundert. Als er dann am Abend den Flugzeugträger entdeckte war ihm klar, weshalb der Doppeldecker mit seiner begrenzten Reichweite so weit von Land entfernt fliegen konnte. Der Kommandant ließ gerade in dem Moment die Torpedos klarmachen, als die „Courageous" in den Wind drehte, um Lamb den Landeanflug zu erleichtern, und ihm dadurch seine fast 240 Meter Länge querab als riesige Zielscheibe präsentierte. Bevor die Torpedos in den Flugzeugträger einschlugen, war weder auf der „Courageous" noch auf den Geleitzerstörern irgendetwas von U 29 bemerkt worden.

Der erste Torpedo traf die „Courageous" an der Backbordseite in der Nähe des Feldwebel-Wohndecks, der zweite schlug am hinteren Ende des Kesselraumes B ein. An Bord des Trägers spürte man die folgenden zwei schweren Explosionen in kurzem Abstand überdeutlich. Alle Lichter fielen gleichzeitig aus, das Schiff bekam sofort starke Schlagseite nach Backbord und wurde komplett von einer beißenden Qualmwolke eingehüllt. Auch die gesamte elektrische Anlage fiel aus, und die nervtötend heulende Typhon-Sirene ließ sich nicht mehr abstellen. Ein geretteter Rudergänger des Trägers berichtete, dass sich unmittelbar nach den Explosionen das Schiff nicht mehr steuern ließ und dass der Kommandant, Captain Makeig-Jones, dem Funkraum befohlen habe, die Position des Trägers durchzugeben, obwohl er nach den beiden Treffern noch ein gutes Stück weiterlief.

Nach den beiden Explosionen ließ ein Ingenieur die Steuerbordmaschine des Trägers stoppen, dann schickte er das Personal aus dem Maschinenraum. Da durch das große Leck an der Backbordseite der Dampfdruck rapide gefallen war, verriegelte der Ingenieur das Schott. Durch die starke Schlagseite des Schiffs und den kompletten Stromausfall konnten die anderen Schotts allerdings nicht mehr geschlossen werden. Kurz nach den Explosionen hatte Makeig-Jones den Befehl gegeben, die Steuerbordbilge zu fluten. Mehrere Seeleute rannten zum entsprechenden Ventil und entfernten den Bolzen, aber das Ventil klemmte, vermutlich weil die Antriebsstange verbogen war.

Außer den Rettungsbooten waren alle anderen großen Motorboote auf der Innenseite des Flugzeugträgers gesichert. Wegen der starken Schlagseite nach Backbord, die bald 35 bis 40 Grad erreichte, war es nicht mehr möglich, die Boote hinabzulassen. Zwar konnte der Steuerbordkutter abgefiert werden, jedoch wurde er zerstört, als er mehrmals hart gegen die Bordwand schlug. Lediglich das vierte Motorboot auf der Backbordseite ganz hinten wurde ausgeschwungen und kam noch rechtzeitig zu Wasser. Zudem konnten drei Carley-Flöße an der Steuerbordseite über Bord geworfen werden sowie Grätings und lose Holzstücke, an die sich die im Wasser treibenden Seeleute klammern konnten.

Auf dem Achterdeck der „Courageous" sahen einige Offiziere kurz nach den Torpedoeinschlägen ein Sehrohr. Einige von ihnen luden noch ein 4,7-Inch-Geschütz an Steuerbord, konnten aber wegen der schnell zunehmenden Schlagseite nicht mehr feuern. Andere Besatzungsmitglieder beobachteten den ersten Wasserbombenangriff der „Ivanhoe" und das Heck des U-Bootes, das für einige Sekunden aus dem Wasser ragte.

Captain Makeig-Jones befahl, das internationale Hilfsignal zu funken, dann brachen die Schotten der „Courageous", worauf sie gegen 20.15 Uhr schnell sank.

Nach und nach trafen die beiden hell erleuchteten Schiffe „Collingsworth" und „Veendam" sowie die Kriegsschiffe „Kelly", „Cardoc", „Ceres", „Impulsive" und „Ivanhoe" an der Untergangsstelle des Flugzeugträgers ein und begannen, die Schiffbrüchigen zu bergen, die zwar zumeist halbnackt, aber trotzdem in einigermaßen guter Verfassung waren.

Während der Rettungsaktion fuhren die Zerstörer „Intrepid" und „Ivanhoe" einen Wasserbombenangriff nach dem anderen auf U 29.

Bis zum Morgengrauen des 18. September wurde die Untergangsstelle gründlich nach Überlebenden abgesucht, aber außer zahlreichen leeren Rettungsflößen und Dingis, Wrackteilen und einigen Leichen war nichts zu finden. Um 10.00 Uhr verließen die letzten beiden Schiffe – die „Inglefield" und die „Ivanhoe" – das Gebiet, in dem die „Courageous" untergegangen war, und fuhren mit 28 Knoten Fahrt zurück nach Plymouth.

Die erste offizielle englische Verlautbarung zur Versenkung der „Courageous" wurde am Montagnachmittag, dem 18. September 1939 bekannt gegeben (deutsche Übersetzung):

Die „H.M.S. Courageous", einer der ersten britischen Flugzeugträger, ist von einem deutschen U-Boot versenkt worden. Ihre Überlebenden wurden von Zerstörern und Handelsschiffen aufgenommen. Es ist anzunehmen, dass das U-Boot ebenfalls versenkt wurde.

Die „Courageous" hatte eine Besatzung von insgesamt 1.200 Mann. Das Ministerium kündigte an, dass die nächsten Verwandten der getöteten Seeleute unverzüglich unterrichtet werden.

In Devonport, dem Heimathafen der „Courageous", stieß die Nachricht von der Versenkung zunächst auf völligen Unglauben. Erst als die Überlebenden, gleich ob verletzt oder unverletzt, am Hospital St. Mary ankamen, begann man allmählich, den Tatsachen ins Auge zu sehen.

Bereits am nächsten Tag wurden alle gehfähigen Verletzten aus dem Hospital entlassen. Einer von ihnen war der 50 Jahre alte Maschinenmaat Brian Miller. Er war zu diesem

Zeitpunkt schon 31 Jahre lang Angehöriger der Königlich Britischen Marine und als Reservist kurz vor Beginn der Feindseligkeiten mit Deutschland einberufen worden. Im ersten Weltkrieg tat er auf dem Kreuzer „Nottingham" Dienst, als dieser 1917 in der Nordsee torpediert und versenkt wurde. Er trieb damals sechseinhalb Stunden im Wasser, bevor er, bereits ohnmächtig, gerettet wurde.

Brian Miller, der dem Inferno diesmal völlig unverletzt entkommen war, schilderte in Devonport einem Lokalreporter die Geschichte des Untergangs der „Courageous" aus ganz subjektiver Sicht (deutsche Übersetzung):

*Ich war eineinhalb Stunden im Wasser, bevor ich gerettet wurde. Die Explosion und der Untergang der alten „Courageous" geschahen so schnell, dass ich es jetzt noch nicht glauben kann. Kurz vor der ersten Explosion war ich unten im Schiff, in der Messe, und wollte gerade an Deck gehen, um zu rauchen. Ich war schon fast oben, als das Schiff getroffen wurde. Den Rest des Weges flog ich durch die Luft und landete mit beiden Beinen auf dem Deck.*

*Unmittelbar darauf bekam das Schiff schwere Schlagseite, und nur wenige Minuten später hörte ich, wie der Befehl zum Verlassen des Schiffes gegeben wurde. Ich sah ein herunterhängendes Tau, nach dem ich sofort griff. Die Höhe vom Deck des Schiffes bis in die See betrug etwa 15 Meter. Ich glitt am Tau hinunter ins Meer und versuchte, gleich vom Schiff wegzuschwimmen.*

*Ein Ereignis werde ich nie vergessen: Eine Gruppe von Seeleuten hatte sich auf dem Vorschiff versammelt. Plötzlich brüllten sie ein furchterregendes „Hurra". Sie hatten gesehen, wie das U-Boot, das uns getroffen hatte, gerade von unserem Zerstörer vernichtet worden war.*

*Um mich herum war die See voll schaukelnder Köpfe. Ich war noch vollkommen bekleidet. Das Gewicht meiner Kleider zog mich immer mehr unter Wasser, obwohl ich in meiner Jugend ein ziemlich kräftiger Schwimmer gewesen war. Es gab für mich keine andere Möglichkeit, als mich im Wasser vollständig auszuziehen. Das schlimmste waren dabei die Schuhe, die ich nur unter größter Mühe aufschnüren konnte.*

*Ein Zerstörer war ungefähr eine halbe Meile von mir weg, außerdem sah ich zwei Passagier- oder Frachtschiffe, eines davon wohl ein amerikanisches Schiff, die mit Rettungsmaßnahmen beschäftigt waren. Obwohl es immer dunkler wurde, schwamm ich dem Zerstörer entgegen. In der Nähe trieb ein Carley-Floß, auf dem etwa 50 oder 60 Leute waren. Von da drüben hörte ich manche Sprüche, die den schwarzen Humor der Briten zeigten.*

*Als ich mich dem Zerstörer näherte, erfasste mich plötzlich eine leichte Dünung, die mich wieder von ihm abdrängte. Doch dann kam eines der Motorboote des Zerstörers und zog mich aus dem Wasser.*

*In dem Boot befanden sich weitere Überlebende, und wir wurden schnell auf den Zerstörer gebracht. Die Männer dort kümmerten sich ausgesprochen fürsorglich um uns. Sie wickelten uns in Wolldecken und gaben uns dann Kleidungsstücke. Einige warfen Rettungsringe und Gürtel aus Kork, aber auch irgendwelche Holzstücke in die See, an denen man sich festhalten konnte. Ein Mitglied der Zerstörercrew, ein kräftiger und guter Schwimmer, sprang sogar mehrmals nacheinander ins Wasser, um Schiffbrüchige zu retten.*

*Der Zerstörer, auf dem ich war, hatte 362 Mann aufgenommen. Die Enge auf dem Kriegsschiff war schlimm, man konnte sich kaum bewegen. Drei Männer, unter ihnen ein Heizer, der furchtbar verbrannt war, starben während der Nacht. Ein Kamerad aus der Stadt Penzance sagte, dass viele Besatzungsmitglieder zwischen den Decks eingeschlossen waren, als der Träger sank.*

Ein anderer Überlebender berichtete über den Untergang der „Courageous" unter Tränen (deutsche Übersetzung):

*Ich befand mich auf dem Flugdeck, als der Träger zu kentern begann. Meine Kameraden und ich wurden zu Boden geschleudert. Während ich meine Klamotten auszog, sah ich unseren Kapitän im Wasser schwimmen. Er hob seine Hand und grüßte sein sinkendes Schiff.*

Einem fünfzehnjährigen Schiffsjungen – seit zwei Monaten Besatzungsmitglied der „Courageous" – gelang es, obwohl Nichtschwimmer, sich über 25 Meter hinweg über Wasser zu halten und ein Floß zu erreichen, auf dem schon etwa 50 andere Überlebende waren. Sie hievten ihn an Bord, eine Stunde später wurden sie von einem Zerstörer aufgenommen.

Ein anderer Überlebender, ebenfalls ein Veteran aus dem Ersten Weltkrieg, erzählte einem Vertreter der „Western Morning News", dass er zum Zeitpunkt der Explosion im Kesselraum gewesen sei, um Kleidungsstücke zum Trocknen aufzuhängen. Plötzlich habe es einen schrecklichen Knall, danach einen Blitz gegeben, dann sei das Licht im Schiff komplett erloschen. Es sei ihm gelungen, auf das Flugdeck zu kommen und auf die Steuerbordseite zu klettern, obwohl das Schiff schon stark Schlagseite hatte. Er habe gewusst, dass es lebensgefährlich sei, vom Schiff zu springen. Viele Kameraden hätten dadurch vermutlich ihr Leben verloren. Er habe sich dann an einem Tau ins Wasser gelassen.

Auch die Aussagen von zwei Offizieren seien im Folgenden wiedergegeben, zunächst die des ersten Offiziers (deutsche Übersetzung):

*Als die Torpedos einschlugen, war ich beim Abendessen. Unmittelbar nach den Explosionen, die das Schiff anzuheben schienen, fielen innerhalb einer Sekunde alle Lichter aus. In der Messe fiel das Geschirr zu Boden und zersprang, als sich das Schiff wenig später zur Seite neigte.*

*Ich stürzte aus der Messe und machte mich auf den Weg hinauf zum Flugdeck, dort lief ich dann zum Achterdeck. Achtern wartete schon eine Menge Leute auf Instruktionen. Ich glaube nicht, dass die Männer ahnten, dass der Träger so schnell sinken würde. Der Kapitän gab dann den Befehl, das Schiff zu verlassen. Nur wenige Glückliche hatten Schwimmwesten. Rettungsboote und Carley-Flöße wurden abgefiert, Alle erfüllten diszipliniert ihre Pflicht, nirgends gab es Chaos oder Panik.*

Ein Lieutenant-Commander berichtete (deutsche Übersetzung):

*Wegen der Schlagseite des Schiffes gab es keine Telefonverbindung mit der Brücke mehr, alle Befehle mussten laut geschrien werden. Nach den Explosionen schrillte die Sirene, die sich nicht mehr abstellen ließ; dadurch wurde die Befehlsübermittlung zusätzlich beeinträchtigt.*

*Als der Befehl zum Verlassen des Schiffes gegeben wurde, sagte ich den Männern in meiner Nähe, sie sollten, bevor sie ins Wasser gingen, ihre Kleider ablegen. Glücklicherweise war es ein schöner Abend, es herrschte kaum Seegang und das Wasser war nicht übermäßig kalt.*

*Weil die Schlagseite der „Courageous" rasend schnell zunahm, konnten wir nur eines unserer Motorboote zu Wasser lassen. Dass das überhaupt gelang, war der Tapferkeit eines Seemannes zu verdanken, der an der Seite des Trägers schwamm und es losmachte.*

*Der deutsche U-Boot-Kommandant war ein mutiger Kerl. Er musste davon ausgehen, dass sein Boot vernichtet würde, sobald er die Torpedos abgefeuert hatte. Meine persönliche Ansicht ist, dass es das U-Boot auf ein anderes Schiff abgesehen hatte, eines das uns später bei der Rettung half. Wir sind ja auf Gegenkurs gegangen, um die Flugzeuge aufzunehmen, und so dem U-Boot direkt vor die Torpedorohre gelaufen.*

Zum Schluss Auszüge aus offiziellen englischen Berichten (jeweils in deutscher Übersetzung):

*Wie wir mittlerweile annehmen, war U 29 hinter einem anderen Schiff her, bevor es die „Courageous" sichtete. Um den Flugzeugen den Landeanflug zu erleichtern, drehte der Träger in den Wind und hielt dadurch auf das U-Boot zu – für den deutschen Kommandanten die einmalige Gelegenheit, zum Schuss zu kommen. Ein weiterer Umstand begünstigte die Versenkung: Die „Courageous" war eigentlich ein Schiff mit geringem Tiefgang, das einmal für Operationen in der Ostsee bestimmt war. Da sie aber erst einen Tag zuvor ausgelaufen war, hatte sie noch kaum Treibstoff verbraucht, deshalb wenig Gewicht verloren und lag verhältnismäßig tief im Wasser. Wären die Tanks leer gewesen, hätten die Torpedos den Flugzeugträger mit großer Wahrscheinlichkeit unterlaufen.*

*Die von U 29 auf die „Neptunia" geschossenen Torpedos verfehlten ihr Ziel, weil sie zu tief eingestellt waren. Bestätigt wird diese Annahme auch durch einen Bericht unseres Geheimdienstes, wonach es auf deutschen U-Booten üblich war, die Torpedos sehr tief einzustellen.*[2]

Sir Winston Churchill, Erster Lord der Admiralität (Marineminister), berichtete am Mittwoch, dem 20. September im britischen Unterhaus, dass die „Courageous" 1.202 Mann an Bord hatte, von denen 687 gerettet werden konnten. Er fuhr fort:

*Ich will den Verlust dieses wertvollen Schiffes nicht verniedlichen. Seit dem Ausbruch des Krieges hat die „H.M.S. Courageous" ihren Dienst zum Schutz von Handelsschiffen gegen U-Boot-Angriffe hervorragend getan.*

---

2 Die obigen offiziellen englischen Überlegungen treffen nicht zu. Die Torpedos, die auf die „Neptunia" geschossen wurden, waren nicht zu tief eingestellt. Die Torpedos versagten, weil die zum ersten Mal verwendeten elektromagnetischen Zünder nicht funktionierten – Folge einer groben Nachlässigkeit der deutschen Seekriegsführung, die diese Zünder vor Beginn der Kampfhandlungen nicht frontmäßig erproben ließ.
Durch die hohe Dünung im Atlantik zündeten die Torpedos schon nach einer Sicherheitsstrecke von etwa 150 Metern. Dies geschah beim Versuch, die „Neptunia" zu torpedieren, gleich zweimal hintereinander. Es ist erstaunlich, dass die Besatzungsmitglieder der später durch Artillerie versenkten „Neptunia", die alles beobachten konnten, darüber nichts berichtet hatten, war es doch für die deutschen U-Boot-Fahrer eine große Peinlichkeit, dass die Torpedos direkt vor den Augen der Engländer versagten.
Auch andere U-Boote machten mit der Inklinations-Zündung ähnlich deprimierende Erfahrungen. Zunächst behalf man sich damit, derartige Torpedos auf eine größere Tiefe einzustellen, dann wurden verbesserte Magnetzündungen eingebaut.
Otto Schuhart löste das Problem auf seine Weise: Er ließ alle Torpedos mit der eigentlich veralteten, aber zuverlässigen Aufschlagzündung ausrüsten. Sowohl die „Regent Tiger" als auch der Tanker „British Influence" als auch die „Courageous" wurden mit Torpedos mit Aufschlagzündung beschossen. Dass sie keine Blasenbahn hinter sich herzogen, lag daran, dass sie nicht – wie früher – durch Dampfgas angetrieben wurden, sondern einen modernen elektrischen Antrieb hatten.
Hätte man auf U 29 bei der Versenkung der „Neptunia" nicht die fehlerhafte Inklinations-Zündung entdeckt – und wäre mit derartig ausgerüsteten Torpedos auch die „Courageous" beschossen worden –, hätte der Flugzeugträger eine große Chance gehabt, davonzukommen (Anm. d. Verf.).

Churchill wies auf die Tapferkeit der Schiffsbesatzung hin und drückte den Hinterbliebenen sein und der Regierung Mitgefühl aus. Während der Sitzung meldete sich ein Abgeordneter zu Wort:

*War das Geleit, das den Flugzeugträger „Courageous" schützen sollte, nicht ausreichend oder stand es zu weit weg? Können Sie zusichern, dass in der Zukunft Flugzeugträger und Schlachtschiffe, die von U-Booten verseuchte Gewässer durchfahren müssen, besser gesichert werden?*

Churchill antwortete:

*Die Sicherung war zahlenmäßig ausreichend. Die Seeoffiziere müssen ihre Handlungsweisen selbst bestimmen, ihr Risiko selbst abschätzen. Es bleibt also den jeweiligen Schiffsführern überlassen, welche Standorte sie einnehmen. Dies kann nicht per Befehl von Land aus festgelegt werden.*

Die Umstände, die zum Verlust der „Courageous" geführt hatten, wurden schließlich durch einen Untersuchungsausschuss geklärt. In dessen Bericht hieß es, dass der Träger sich ungewöhnlich schnell nach Backbord geneigt habe, worauf mehrmals versucht worden sei, die Schlagseite durch Fluten der Steuerbordabteilungen zu korrigieren. Da jedoch die Ventile geklemmt hätten, sei das ganze Ventilationssystem und viele der wasserdichten Türen offen geblieben. Durch den ständigen Wasserzulauf habe sich das Schiff immer mehr geneigt, bis es schließlich gesunken sei.

Für die zahlreichen Todesopfer sei das Versagen des Hauptstromkreises verantwortlich gewesen, wodurch alle zur Befehlsübermittlung notwendigen Lautsprecher und auch die komplette Beleuchtung ausgefallen seien. Hinzu sei die Unerfahrenheit der Besatzung und die mangelnde Initiative der Offiziere gekommen.

Im Nachhinein besteht allerdings kein Zweifel daran, dass große, schwerfällige Schiffe wie Flugzeugträger nicht für die U-Boot-Jagd geeignet waren. Allerdings muss man zur Ehrenrettung der britischen Seekriegsleitung auch anmerken, dass sie in jener Zeit, in der das Geleitzugsystem noch nicht eingeführt war und viele Handelsschiffe noch einzeln fuhren, keine andere Möglichkeit hatte, als auch schwere Schiffe zur U-Boot-Jagd einzusetzen.

In Deutschland betrachtete man die Versenkung der „Courageous" als weitere Bestätigung dafür, dass die englische Verteidigung nicht so wirksam war, wie immer behauptet wurde.

Am 25. September 1939 war U 29 in den Heimathafen zurückgekehrt, die nächste Feindfahrt war für frühestens Mitte November geplant.

Am 14. Oktober 1939 versenkte Günther Prien, der Kommandant von U 47, in Scapa Flow das britische Schlachtschiff „Royal Oak." Sein verwegenes Eindringen in den Stützpunkt der britischen „Home Fleet" und sein unbeschadetes Entkommen brachte die deutsche U-Boot-Waffe erneut in die Schlagzeilen der Welt. Die Versenkung der „Royal Oak" ließ die Erfolge des regierenden Tonnagekönig Otto Schuhart fast vergessen, obwohl er Prien noch immer die Versenkung des wendigeren und wichtigeren Flugzeugträgers „Courageous" voraushatte.

# Missglückte Minenunternehmung vor Milford Haven und im Bristol-Kanal

Im November 1939 hatten Großadmiral Erich Raeder und das Oberkommando der Marine beschlossen, britische Seehäfen zu verminen. So sollte der Transport von Truppen und Nachschub nach Frankreich und Belgien unterbunden werden. Darüber hinaus hoffte man, dadurch die britische Handelsschifffahrt empfindlich zu stören oder sogar ganz zum Erliegen zu bringen und so Angst und Schrecken zu verbreiten.

Im November 1939 wurden zwei U-Boote der Flottille „Saltzwedel" nach wochenlanger Werftliegezeit, U 28 unter Kapitänleutnant Günter Kuhnke und U 29, mit Minenoperationen an der englischen Küste betraut. Beide Boote luden je zwölf TMB-Minen und sechs Torpedos. U 29 sollte sein Minenfeld vor Milford Haven legen.

14. November 1939: „Verdammte Kälte! Wenn das so weiter geht, frieren wir auf der kommenden Unternehmung ein", der Obersteuermann von U 29, Lemke, lief missmutig neben Kapitänleutnant Otto Schuhart her, der nur stumm nickte. Beide waren auf dem Weg zum Anlegeplatz ihres U-Bootes im Hafen von Wilhelmshaven. Trotz dicker wollener Unterwäsche und schützender Lederkleidung froren sie erbärmlich. Als sie die Pier des Stützpunktes betraten, salutierte der vor Kälte zitternde Wachposten.

„Was halten Sie von den zu ‚Gefahrenzonen' erklärten Gebieten rings um England, Herr Kapitänleutnant?", bohrte Lemke weiter.

Nun konnte der wortkarge Schuhart sich nicht länger um eine Antwort drücken:

„Mit dieser Erklärung ist dort der Handelskrieg nach Prisenordnung nicht mehr möglich. In diesen Zonen ist endlich der warnungslose Angriff freigegeben worden; darauf haben wir Kommandanten schon lange gedrungen".

Dann hatten sie U 29 erreicht. Die beiden Männer gingen schweigend über die schwankende Stelling an Bord und verschwanden hintereinander unter Deck. Auf der Pier wurde es langsam lebendig. Die ersten Besatzungsmitglieder trafen ein, ebenso wie ein Arbeitskommando der Werft. Fieberhaft begannen die Männer, das Boot auslaufklar zu machen, schließlich sollte noch heute zur zweiten Feindfahrt aufgebrochen werden. Nach zwei Stunden harter Arbeit war es geschafft: U 29 war mit Torpedos, Minen, Munition und Verpflegung beladen, die Treibölbunker waren bis zum Rand gefüllt. Es konnte losgehen.

Allmählich trafen auch eine Abordnung des Flottillenstabes und ein kleines Abnahmekommando der Werft ein. Sie sollten Boot und Besatzung offiziell verabschieden. Sowohl die Männer an Land als auch die an Bord kannten den Ernst der Lage. Der U-Boot-Alltag war hart und gefährlich. Niemand wusste, ob man sich jemals wieder sehen würde. Dies gab dem Morgen eine besondere Atmosphäre.

Als Letzter stieß der Flottillenchef, Korvettenkapitän Heinz Fischer, zu der kleinen Gruppe auf der Pier. Schuhart ließ die Besatzung stillstehen und wandte sich dann an den Flottillenchef:

„Melde U 29 zur Feindfahrt ab!".

Hände schnellten zum Gruß empor. Es war Punkt 10.30 Uhr, als das Horn eines Schleppers vom Hafen dröhnte und die Verabschiedung störte. Das Leinenkommando stand erwartungsvoll auf seinen Positionen. Kommandos peitschten durch die Luft. Von U 29 wurden die Leinen schwungvoll zur Pier geworfen. Die Maschinen sprangen an. Das Boot legte ab und fuhr behäbig in die bis auf die Wasseroberfläche herunterhängenden Nebelschwaden. Allmählich blieb die Pier zurück. Wieder heulte eine Schleppersirene, andere fielen ein und überdeckten die Rufe der Männer.

Otto Schuhart stand neben seinem I. Wachoffizier auf dem Turm.

„Na, Lassen, unsere zweite Unternehmung zusammen", grinste er fröhlich.

„Ja, Herr Kaleu, ich hoffe, dass wir wieder so viel Erfolg haben, wie beim letzten Mal!".

Der Kommandant nickte nur nachdenklich, klopfte seinem I WO kurz auf die Schulter und vergaß nicht, ihm zu seiner Beförderung zum Oberleutnant zur See zu gratulieren. Lassen zeigte ein dankbares Lächeln. Dann schickte sich Schuhart an, ins Innere des Bootes zu klettern, hielt dann aber plötzlich inne:

„Haben Sie schon das von U 49 gehört?".

Lassen schüttelte den Kopf.

„Gossler ist mit seinem Boot bis auf 148 Meter durchgesackt, das dürfte ein Rekord sein".

„Wir haben uns nicht tiefer als 105 Meter getraut, Herr Kaleu".

„Ja, aber vergessen Sie nicht, Gossler hat ein modernes Boot vom Typ VII-B, erst kurz vor Kriegsausbruch in Dienst gestellt".

„Meinen Sie, Gosslers Tiefe hätte unser Boot nicht abkönnen?", fragte Lassen bestürzt.

Schuhart zuckte mit den Schultern:

„Keine Ahnung, aber ich möchte es lieber nicht ausprobieren".

Dann verschwand er endgültig im Turm, um unten nach dem Rechten zu sehen, obgleich er nicht daran zweifelte, dass alles in bester Ordnung war.

Nach einer langen Pause, in der das Boot in der Wilhelmshavener Westwerft überholt worden war, ging es wieder hinaus. Schuhart freute sich auf die Reise, wusste aber auch um die Lebensgefahr, die ihm und seinen Männern drohte. Schon in den ersten Wochen und Monaten des Krieges hatte sich gezeigt, dass das Leben der U-Boot-Fahrer an einem seidenen Faden hing.

Kurz nachdem das Feuerschiff Norderney passiert und die offene See erreicht war, begannen die Herbststürme über die Nordsee zu toben. Die graublaue, mit weißen Schaumkronen bedeckte See peitschte über das Boot hinweg. Gischt schlug den Brückenposten in die Gesichter, und die überkommenden Brecher durchnässten sie bis auf die Haut. Schwerer Regen trommelte in einem fort auf die Südwester der Männer, die trotzdem unermüdlich Meer und Himmel nach dem Feind absuchten. Alle paar Minuten mussten sie ihre Doppelgläser trockenreiben. Waren die Leder völlig durchnässt, wanderten sie in die Zentrale, wo sie auf einem elektrischen Heizkörper wieder getrocknet wurden. Trotzdem kam es oft vor, dass Wasser in die Gläser eindrang und die Optik unbrauchbar machte. In mühsamer, tagelanger Kleinarbeit mussten sie dann auseinander genommen, gereinigt, getrocknet und unter Verwendung von Dichtmasse wieder zusammengebaut werden.

Die Nacht verging, der Morgen graute. Der Wind hatte etwas nachgelassen, die See sich beruhigt. Um 08.15 Uhr beobachteten die Brückenwächter ein deutsches U-Boot, das mit hoher Fahrt schnell von achtern aufkam. Es war U 38 unter dem Kommando von Kapitänleutnant Heinrich Liebe. Schuhart befahl, das Kameradenboot hier im Minenwarngebiet vorbeizulassen. Gegen Abend tauchten dann einige Handelsschiffe auf, die schnell als neutrale identifiziert und deshalb nicht angehalten wurden. Am Morgen des 17. November kam LI Hermann Laufs mit einer Hiobsbotschaft zum Kommandanten: Der Backborddiesel war ausgefallen. Bei der Untersuchung des Schadens fand man im sechsten Zylinder eine Schraube, die die beiden Einlassventile verbogen hatte. Die Schraube war zweifellos während der Überholung der Maschine in der Werft im Zylinder zurückgeblieben. In stundenlanger Arbeit mussten die Einlassventile ausgewechselt werden.

Otto Schuhart war außer sich:

„Was sind denn das für Werft-Heinis, die einem das Boot kaputter zurückgeben, als sie es bekommen haben. Sind die so blöd oder ...", der Kommandant schäumte vor Wut, „... oder ist das Sabotage. Das ist doch Sabotage!".

Am folgenden Tag umrundete U 29 die Nordspitze der Shetlands. Immer noch peitschten Regenschauer über das Boot, als im fahlen Abendlicht plötzlich voraus ein dunkler Schatten auftauchte, wieder außer Sicht geriet, um dann plötzlich wieder zu erscheinen.

„Kommandant auf Brücke!".

Die Meldung erreichte Otto Schuhart in seinem Kommandantenschapp, wo er auf seiner schmalen Koje lag und gelangweilt Löcher in die Luft starrte. Er fuhr sofort hoch.

„Komme gleich!", rief er, stülpte sich eine unförmige Pelzmütze über das strubbelige Haar und eilte durch das Kugelschott in die Zentrale und von dort durch den Turm auf die Brücke. Ein kurzer Blick durch das Doppelglas überzeugte ihn:

„Den halten wir an, sind keine Neutralitätsabzeichen zu sehen, Klar zum Artilleriegefecht!".

Schon zischte der erste Schuss aus der 8,8-cm-Kanone über das Handelsschiff hinweg und schlug weit ab in die See. Der starke Seegang hatte einen Schuss dicht vor den Bug verhindert. Trotzdem stoppte der Tanker sofort und setzte ein Boot aus. Auf dem Schiff schien Chaos auszubrechen, die Seeleute rannten völlig disziplinlos kreuz und quer über das Deck. Lange dauerte es, bis das kleine Ruderboot, in dem der Kapitän und sein Steuermann saßen, am U-Boot festmachte.

„Was für eine Nationalität hat ihr Schiff?", fragte Schuhart den Kapitän.

„Schwedisch", kam die prompte Antwort.

„Woher kommen Sie und wie heißt ihr Schiff?".

„Aus Göteborg – Öltanker ‚Pan Gothia'".

„Haben Sie Ihre Papiere dabei?".

Der schwedische Steuermann griff sofort in die Innentasche seiner wollenen Jacke und gab Schuhart die Unterlagen, der sie eingehend studierte. Der Tanker fuhr im Ballast und war auf dem Weg von Göteborg ins Mittelmeer.

„Ihre Papiere sind in Ordnung", sagte Schuhart nun ausgesucht freundlich zum schwedischen Kapitän, „Sie können weiterfahren. Bitte entschuldigen Sie die Unannehmlichkeiten".

Kapitän und Steuermann entspannten sich sichtbar, verließen unter vielen Verbeugungen das U-Boot und kehrten zurück an Bord ihres Tankers. In Windeseile machte die Besatzung das Schiff wieder flott, die „Pan Gothia" lief weiter.

Kurz nach Mitternacht stand U 29 bei Sule Skerry im Westen der schottischen Orkneyinseln. Da das Leuchtfeuer nicht brannte und es wegen der Untiefen zu gefährlich war, näher an die Küste heranzufahren, ließ der Kommandant Kurs auf die Hebriden-Insel Rona nehmen und dann nach Süden steuern.

Am Vormittag musste vor einem aus Osten heranfliegenden Flugzeug getaucht werden. Vorsichtshalber blieb das Boot bis zum Mittag unter Wasser. Gegen 14.00 Uhr tauchte U 29 wieder auf. Noch während die Tanks ausgeblasen wurden, sichtete einer der Posten erneut einen Flieger. Schuhart sah das große Flugboot, das bereits auf U 29 zuhielt, sofort und zögerte keine Sekunde:

„Alarmtauchen, schnell einsteigen!".

Die Brückenwache polterte den Turm hinab. Der Kommandant stieg als Letzter ein, und während er noch das Turmluk verriegelte, brüllte er schon:

„Fluuuuten, auf 40 Meter, LI, dalli!".

Der Leitende Ingenieur war nun an der Reihe. Er musste das Boot in die Tiefe steuern. Durch die Flutventile zischte und brodelte das in die Tauchtanks einströmende Wasser. Das Dröhnen der Diesel verstummte und wurde vom sonoren Summen der E-Maschinen abgelöst. LI Hermann Laufs war ein erfahrener und besonnener Mann. Schuhart hatte zu ihm vollstes Vertrauen, genau wie zum übrigen Zentralepersonal, das schweigend und konzentriert arbeitete. Die Männer ließen die Zeiger ihrer Messgeräte nicht aus den Augen. Nur die ruhigen Kommandos des Leitenden Ingenieurs und die ebenso ruhigen Antwortmeldungen der einzelnen Stationen durchbrachen die Stille. Langsam aber stetig glitt das Boot in die Tiefe.

„30 Meter, 35, 40 Meter, Boot auf 40 Meter eingesteuert, Herr Kaleu", meldete Hermann Laufs.

Im gleichen Augenblick krachte es fürchterlich, zweimal kurz hintereinander. U 29 bockte und schüttelte sich wie ein junges Wildpferd. Die Männer, die sich nicht irgendwo festhalten konnten, wurden wie von einer Kugel getroffene Kegel durcheinander geworfen. Zu Boden fallendes Geschirr schepperte. Dann war es plötzlich wieder völlig still – und so blieb es auch.

Dennoch beschloss Otto Schuhart, vorerst unter Wasser zu bleiben, erst als es stockdunkel war, ließ er wieder auftauchen. Er wollte versuchen, zwischen Rona und Bath of Lewis nach Westen abzulaufen. Als zwei Zerstörer auftauchten – möglicherweise vom Flugboot alarmiert –, die mit wechselnden Kursen auf Suchfahrt waren, ließ Schuhart nach Norden ausweichen.

Am 22. November geriet das Boot in einen derartig schweren Sturm, dass die unter dem Oberdeck gelagerten Sehrohrattrappen zerschlagen wurden. Vom Dingi waren nur noch Holzsplitter übrig, und die Ausblaseleitung zum Tauchtank 3 war beschädigt. Letztere konnte aber mit Bordmitteln geflickt werden.

Am Morgen des 24. November ließ der Kommandant auf 30 Meter tauchen, um die Minen für die Aussetzung vorzubereiten. Er wollte das Minenfeld am kommenden Morgen etwa 15 Seemeilen vor Milford Haven legen. Allerdings wimmelte es auf dem Meer nur so von irischen Fischerbooten, unter denen möglicherweise auch britische Suchschiffe waren, sodass U 29 ständig zu Ausweichmanövern gezwungen wurde und nur langsam vorwärts kam. Zusätzlich bereitete dem Kommandanten die einsetzende Helligkeit Sorgen.

Auch am 25. November änderte sich die Lage nicht wesentlich. U 29 musste während des gesamten Tages wegen der vielen Fischerboote unter Wasser bleiben. Erst nach Einbruch der Dunkelheit wagte es Schuhart aufzutauchen. Er beschloss, die Küste anzulaufen und die Minen möglichst schnell zu verlegen. Die Nacht war stockdunkel, der Zeitpunkt schien günstig.

Doch bald musste der Kommandant feststellen, dass das geplante Manöver wegen des hohen Seegangs unmöglich war. Die Grundseen drohten, das Boot direkt in die Hafeneinfahrt von Milford Haven hineinzudrücken. Schuhart beschloss deshalb um 20.30 Uhr, wieder in tiefere Wasser zu laufen. Und das war auch die einzig richtige Entscheidung. Die Wellen wurden immer höher, und bis Mitternacht entwickelte sich ein orkanartiger Sturm. Das Boot ging mit äußerster Kraft gegen die hohe See an, stand aber trotzdem zeitweise auf der Stelle. Zwar hatte niemand Angst wegen einer Havarie – dazu war ein U-Boot zu seetüchtig –, aber das außergewöhnlich starke Schlingern und das harte Aufschlagen auf die brechenden Wellen verhinderten jedes vernünftige Steuern.

Am 26. November tauchte U 29 kurz vor Tagesanbruch und blieb abermals den ganzen Tag unter Wasser. Am Abend wollte Schuhart einen neuen Versuch unternehmen, die Küste von Milford Haven zu erreichen. Allerdings fiel das Barometer weiter, der Seegang nahm mehr und mehr zu. Das Boot war schwer zu halten, wurde oft von riesigen Seen überlaufen, schlingerte stark und reagierte kaum noch auf das Ruder.

Gegen 02.30 kam dann völlig überraschend das Leuchtfeuer von St. Ann's Head in Wales in Sicht. U 29 war um zwölf Seemeilen nach Süden abgetrieben worden. Dann setzte zu allem Überfluss auch noch so heftiger Regen ein, dass die Sicht gleich null war. Um nicht englischen Bewachern in die Arme zu laufen, beschloss Schuhart, das Boot bis zum Morgengrauen bei 50 Metern auf Grund zu legen.

„Das macht keinen Sinn, wir müssen auf besseres Wetter warten", schimpfte der Kommandant.

Am Morgen des 27. November 1939 befahl er, das Boot auf Sehrohrtiefe einzusteuern. Doch schon der erste Versuch scheiterte. Trotz größter Mühe konnte es der Leitende Ingenieur nicht in der richtigen Tiefe halten, entweder wurde das Periskop überspült oder das Boot durchbrach die Wasseroberfläche. Es gab keine andere Möglichkeit, als wieder zu tauchen. Am Abend steuerte U 29 erneut Milford Haven an. Da die Leuchtfeuer dort brannten, war die Navigation einfach, aber wegen der starken Strömung und der hellen Nacht konnten auch diesmal die Minen nicht ausgesetzt werden. Schuhart entschloss sich, vorerst nach Westen an die irische Küste abzulaufen und dem B.d.U. von den Problemen zu berichten.

In den frühen Morgenstunden des 28. November kam der Leuchtturm Smalls Lighthouse an der Küste der walisischen Grafschaft Pembrokeshire in Sicht, nun konnte wenigstens der genaue Standort des Bootes bestimmt werden. Schuhart beschloss, den Tag über in der Nähe von Smalls Lighthouse zu bleiben und den Schiffsverkehr zu beobachten. Doch das war wegen der hohen Wellen ein schwieriges Unterfangen.

„Verflucht, LI, halten Sie das Boot auf Sehrohrtiefe!", schnauzte Schuhart seinen Leitenden Ingenieur an, der tat, was er konnte.

Wieder steuerte er das Boot auf 13 Meter, die Periskoptiefe, diesmal kam U 29 zu hoch hinaus. Für Augenblicke ragte das Sehrohr zwei Meter aus dem Meer heraus. Im Bruchteil einer Sekunde entdeckte der Kommandant ein britisches Schiff in etwa 4.000 Metern Entfernung. Hatte der Bewacher das U-Boot seinerseits gesehen? Vorsichtshalber fuhr Schuhart das Sehrohr ein und ließ auf 30 Meter Tiefe gehen. Und dies war die einzig richtige Entscheidung.

Um genau 14.10 Uhr meldete der Horchraum nämlich den Anlauf eines Schiffes, und unmittelbar darauf detonierten drei Wasserbomben, allerdings so weit ab, dass U 29 nicht in Gefahr geriet.

„Der hat tatsächlich unser Sehrohr gesehen", murmelte Schuhart, „auf 80 Meter gehen, Schleichfahrt, 310 Grad steuern".

Langsam, aber stetig entfernte sich U 29 von der Gefahrenstelle.

„Hoffentlich, schicken die keine Zerstörer aus Milford", sinnierte der Kommandant. Zwar wurden auf U 29 noch zwei Stunden lang Fahrzeuge mit kleiner Fahrtstufe in der Nähe gehorcht, weitere Wasserbomben fielen allerdings nicht. Bald wurde es dann wieder völlig still.

Nach Einbruch der Dunkelheit tauchte das Boot wieder auf. Über Wasser prasselte starker Regen auf die aufgewühlte See, die Sicht war miserabel. Schon seit fast einer Woche tobte nun schon der Sturm. Er machte es den Männern unmöglich, ihren Auftrag, Minen zu legen, auszuführen.

Am 29. November, um 17.30 Uhr befahl der B.d.U. per Funk, die Minen im Bristol-Kanal auszubringen. Schuhart allerdings wollte in dieser Nacht noch einen letzten Versuch vor Milford Haven unternehmen.

Um 21.30 Uhr kam etwa 14 Seemeilen vor St. Ann's Head das Leuchtfeuer in Sicht. Der Wind frischte weiter auf, damit auch der Seegang, und zu allem Übel tauchten wieder beleuchtete Fischerboote auf, denen ausgewichen werden musste. Die Wellen waren so stark, dass Kommandant und Leitender Ingenieur das Boot kaum noch in den Griff bekamen. Die Besatzung war nach einer Woche Orkan total zermürbt. An Schlaf war kaum mehr zu denken, seit mehreren Tagen hatte es schon keine warme Mahlzeit gegeben, und weil fast ständig mit geschlossenem Luk gefahren werden musste, fehlte es an frischer Luft.

Am 30. November, um 18.00 Uhr tauchte U 29 wieder auf. Der Sturm hatte sich gelegt. Der Himmel war bedeckt, trotz Vollmond wurde es nicht richtig hell. Gleichwohl war die Sicht gut. Dennoch entschloss sich Otto Schuhart nun, das Milford-Unternehmen aufzugeben. Er befürchtete, dass die Engländer durch die abgegebenen Funksprüche von ihrer Anwesenheit wussten. Zudem blieb die Wetterlage unsicher, und der geringe Brennstoffbestand von nur noch 38 cbm erlaubte es nicht, noch länger abzuwarten. Stattdessen wollte der Kommandant noch in der gleichen Nacht im Bristol-Kanal die Minen legen. Nur wenig später erreichte U 29 das Seaweather-Feuerschiff. Dort marschierte ein britisches Schiff.

„Ein auslaufendes Handelsschiff, Herr Kaleu", meldete I WO Georg Lassen.

„Tatsächlich, Lassen, Sie haben recht. Aber den müssen wir laufen lassen, wir müssen unsere Minen legen", knurrte Schuhart.

Inzwischen hatte der Wind auch im Bristol-Kanal aufgefrischt. Die Sicht wurde immer schlechter. Das auf dem Südufer stehende Leuchtfeuer Foreland und die Leuchtfeuer der Swansea-Bucht waren nicht mehr auszumachen. Nur anhand des Seaweather-Feuerschiffs und des Leuchtturms von Nash-Point konnte der Obersteuermann den Standort bestimmen. Außerdem trieb der Gezeitenstrom das Boot mehr und mehr aufs Land zu. Da es bei den momentanen Wetterverhältnissen nicht möglich war, weiter in den Bristol-Kanal hineinzulaufen, beschloss Schuhart, die Minensperre südwestlich von Seaweather-Feuerschiff in einer Tiefe von etwa 20 Metern zu legen.

Während der Kommandant noch grübelte, kam plötzlich ein Schiff in Sicht. Schuhart fixierte es durch das Sehrohr.

„Unverkennbar ein Bewacher", raunte er, „hart Backbord".

Nach kurzer Zeit verschwand das Schiff achteraus.

Da es spät geworden war und die Sicht sich weiter verschlechtert hatte, brach Schuhart die Unternehmung für heute ab. Auch der Versuch, in der nächsten Nacht in den Bristol-Kanal einzudringen, sollte aber misslingen. In der Nacht vom 2. auf den 3. Dezember 1939 lief U 29 wieder auf den Bristol-Kanal zu, als gegen 02.15 Uhr urplötzlich ein einzelnes, beleuchtetes Fahrzeug in Sicht kam. Als es sich näherte, ließ Schuhart tauchen. Über Wasser war in der

Zwischenzeit erneut ein schwerer Sturm ausgebrochen. Als U 29 um 18.30 Uhr auftauchte, wurde es von orkanartigen Böen und einem schweren Wolkenbruch empfangen. Wegen des prasselnden Regens und der überkommenden Seen konnte nicht einmal die Brückenwache aufziehen, weshalb das Boot wieder tauchte.

In dieser Nacht gab der Kommandant das Minenmanöver endgültig auf. Er wollte allerdings nicht gleich den Rückmarsch antreten, sondern zunächst längs des 50. Breitengrades feindlichen Schiffen auflauern. Ein Abschusserfolg schien ihm für die Moral der Besatzung dringend notwendig. Die Männer waren seit elf Tagen fast ununterbrochen unter Wasser gefahren und durch das katastrophale Wetter mit den Nerven am Ende. Eine Versenkung sollte die Gemüter aufheitern.

Am Morgen des 6. Dezember, gegen 06.10 Uhr kam von achteraus eine große Rauchwolke in Sicht, die sich langsam näherte. Schon bald war auf der Brücke ein Schiff zu erkennen, ein etwa 5.000 Tonnen großer, allein fahrender Frachter auf Westkurs.

„Wir greifen an!", befahl Schuhart ohne zu zögern.

Um 06.45 Uhr fiel der erste Torpedoschuss aus einer Entfernung von 1.500 Metern aus Rohr II. Das Geschoss lief einwandfrei – der Horcher bestätigte dies –, explodierte aber nicht. Die Ursache für den Versager blieb ungeklärt, vermutlich lag es wieder einmal an der Magnetzündung. Otto Schuhart gab so schnell aber nicht auf, noch war es dunkel genug für einen zweiten Anlauf über Wasser.

Um 07.18 Uhr schoss der Kommandant den zweiten Torpedo, diesmal mit Aufschlagzündung, aus Rohr I.

Nur Sekunden später meldete der Bugraum:

„Rohrläufer", und bevor Schuhart etwas sagen konnte, „Torpedo mit Minenausstoßvorrichtung ausgestoßen!".

Eine spätere Überprüfung von Torpedorohr I ergab, dass die Luftwege der Ausstoßvorrichtung vertauscht waren. Da die Rohre vom Torpedooffizier der Werft abgenommen worden waren, man aber wegen eines Lecks in Rohr III nochmals eindocken musste, konnte nur bei dieser Gelegenheit die Verstellung an Rohr I erfolgt sein.

Da die Dämmerung bereits angebrochen war, kam ein Überwasserangriff nun nicht mehr in Frage. Eine Artillerieattacke schied wegen der hohen Dünung aus, so blieb nur noch ein Unterwasserangriff. Diesmal sollte Georg Lassen sein Glück versuchen. In dem Moment, in dem der I WO den Schussbefehl gab, verringerte das Frachtschiff allerdings seine Geschwindigkeit, und der Torpedo lief ins Leere.

Schuhart war ärgerlich geworden:

„Wir setzen uns vor den Zossen!".

Mit äußerster Kraft überholte U 29 das Handelsschiff in einem weiten Bogen. Doch gerade als es querab vom U-Boot stand, kamen achteraus eine Rauchfahne und gleichzeitig an Steuerbord die Masten von schnell laufenden Fahrzeugen in Sicht.

„Das ist eine U-Jagdgruppe! Denen können wir nicht so einfach weglaufen, Herr Kaleu!", raunte der I WO.

Schuhart nickte missmutig und brüllte gleichzeitig:

„Alarm, auf 50 Meter tauchen, Kurs 270 Grad!".

Unter Wasser waren deutlich die Schraubengeräusche von drei Fahrzeugen zu hören.

„Das ist eine Patrouille, das Schiff war wohl nur ein Lockvogel", überlegte der Kommandant laut.

Gegen 13.00 Uhr verschwanden die Schraubengeräusche ganz allmählich, und nach Einbruch der Dunkelheit tauchte U 29 wieder auf. Otto Schuhart befahl nun den langsamen Rückmarsch. Die nächsten drei Tage verliefen völlig ereignislos. Erst am 10. Dezember zwang das Auftauchen eines gegnerischen Flugboots, das in einer Entfernung von 3.000 Metern auf fast parallelem Kurs seine Bahnen zog, zum Alarmtauchen. Der Pilot hatte das Boot aber offenbar nicht bemerkt, zumindest fielen keine Bomben. Am Abend beobachtete man ein beleuchtetes Fahrzeug mit Südostkurs, das sich bald als dänischer Fischkutter entpuppte, der wahrscheinlich von den Färöern kam. Am folgenden Tag wurden von 10.00 bis 16.00 Uhr unter Wasser Reparaturen am Backborddiesel vorgenommen, dann ging die Heimreise weiter.

Am 12. Dezember traf ein Funkspruch des B.d.U. ein, der U 29 vor Kinnaird Head in Schottland schickte, wo feindliche Schiffe vermutet wurden. Folgsam änderte Schuhart den Kurs, wohl wissend, dass er dort wegen der geringen Brennstoffreserven maximal einen Tag lauern konnte. Schon am folgenden Tag war Kinnaird Head erreicht. U 29 stand etwa vier bis sechs Seemeilen vor der Küste, die Sicht war gut. Gegen 11.15 Uhr beobachtete Schuhart durch das Sehrohr ein Flugboot, und zehn Minuten später detonierten sieben Bomben, allerdings weit entfernt. Um 13.05 Uhr konnte erneut ein Flugboot mit östlichem Kurs ausgemacht werden. Aber von den avisierten Schiffen war weit und breit nichts zu sehen.

Am 14. Dezember schien dann U 29 das Jagdglück doch noch hold zu sein. Gegen 10.00 Uhr meldete die Brückenwache ein Tankschiff voraus. Schuhart hatte gerade den Befehl gegeben, den Öltanker zu überholen, als der achtere Backbordposten brüllend ein Flugzeug meldete, das das Boot denn auch zum Alarmtauchen zwang. Die Maschine warf beim ersten Anflug eine, beim zweiten zwei Bomben, die gefährlich nahe lagen, aber keinen Schaden anrichteten. Wenig später fielen weitere Wasserbomben, allerdings in größerer Entfernung.

Gegen 13.00 Uhr meldete der Horcher leise Schraubengeräusche, die Schuhart durch das Sehrohr einem Fischdampfer zuordnete. Eine Stunde später detonierten in einer Entfernung von etwa 4.000 Metern zwei Wasserbomben. Als der Kommandant eine halbe Stunde später einen Rundblick durch das Periskop wagte, waren Himmel und Meeresoberfläche leergefegt. Um 16.30 Uhr tauchte U 29 wieder auf und setzte den Rückmarsch fort. Am 16. Dezember 1939, Punkt 12.00 Uhr machte das Boot im U-Stützpunkt Wilhelmshaven fest.

Der Befehlshaber der Unterseeboote, Karl Dönitz, war alles andere als begeistert, als er hörte, dass U 29 alle Minen und fast alle Torpedos wieder mitgebracht hatte. Seiner Meinung nach war Otto Schuhart zu vorsichtig gewesen. Der B.d.U. beschloss, U 29 bei der nächsten Feindfahrt mit der gleichen Aufgabe zu betrauen.

„Er soll lernen, Minen zu legen", waren Dönitz' Worte.

Doch die nächste Reise von U 29 sollte noch einige Zeit auf sich warten lassen. Zuerst verlegte das Boot nämlich in der Nacht vom 20. auf den 21. Dezember 1939 nach Hamburg in die Werft Stülcken & Sohn zur großen Grundüberholung.

# Verlegung von Minen vor Newport

Nach fünfwöchiger Werftliegezeit verließ U 29 am 26. Januar 1940 Hamburg und kehrte nach Wilhelmshaven zurück. Schon einen Tag später begann die Ausrüstung für die nächste Feindfahrt.

Seit dem 1. Januar 1940 hieß die U-Flottille „Saltzwedel", der U 29 angehörte, 2. U-Flottille. Chef dieser Flottille war eigentlich Korvettenkapitän Werner Hartmann, der aber gleichzeitig auch Kommandant von U 37 war. Deshalb führte Korvettenkapitän Heinz Fischer die 2. U-Flottille in Vertretung. Fischer verabschiedete denn auch U 29, als es am 6. Februar 1940 Wilhelmshaven zu seiner dritten Feindfahrt verließ. Im Schlepp des Linienschiffes „Schlesien" ging es zunächst an dicken Eisschollen vorbei bis zum Leuchtschiff „F", von dort dann im Schlepp der „Hermes" weiter nach Helgoland, wo das Boot am 7. Februar bei Helgoland-Düne festmachte.

Am 11. Februar 1940, pünktlich um 12.00 Uhr verließ U 29 Helgoland, mit dem Auftrag, eine Minensperre bei Bull Point im Bristol-Kanal, in der Nähe von Newport, zu legen. Am 14. Februar, kurz nach Mitternacht sichtete die Brückenwache einen beleuchteten Frachter, der rasch als norwegisches Schiff identifiziert wurde. Der Kurs des Schiffes lag genau auf der Linie Fair-Island und Südnorwegen. Kurz entschlossen befahl Schuhart:

„Wir greifen an!".

Der um 02.25 Uhr, der 15. Februar war mittlerweile angebrochen, abgefeuerte Torpedo ging aber fehl. Selbstkritisch räumte der Kommandant ein, dass er sich bei der Position des Dampfers wohl verschätzt hatte.

Zwischen 12.40 und 13.40 Uhr beobachtete Schuhart durch das Sehrohr ein Flugboot und hörte die Detonationen von fünfzehn Wasserbomben, allerdings in großer Entfernung.

Am 16. Februar stand U 29 westlich der Orkneys, als gegen 04.00 Uhr morgens zwei beleuchtete Frachter auftauchten. Da es sich aber um kleinere Schiffe handelte, verzichtete Schuhart auf einen Angriff.

„Unsere Torpedos heben wir für richtig große Pötte auf", erklärte er auf Anfrage lapidar.

Ab dem nächsten Tag setzte westlich der Hebriden starke Luftüberwachung ein, die das Boot zum ständigen Auf- und Abtauchen zwang und die Besatzung nervös machte.

Am 19. Februar ging dann ein Funkspruch des B.d.U. ein, der die Besatzung elektrisierte:

*Nachmittags Auslaufen schwerer Streitkräfte vom River Clyde in die Meerenge von Minch. B.d.U.*

Sofort ließ Schuhart auf Gegenkurs gehen, um südlich von Skerryvore auf- und abzustehen. Dort wollte er auf die angekündigte große feindliche Kriegsschiffgruppe warten. Allerdings war in den nächsten Stunden weit und breit kein Schiff zu sehen. Erst um 17.20 Uhr kam ein Frachter in Sicht, vor dem getaucht wurde, um die Position des U-Bootes nicht zu verraten.

Am 20. Februar, gegen 08.00 Uhr morgens verließ U 29 das Operationsgebiet vor der Küste. Wieder einmal hatte ein Orkan das Boot vertrieben. Vier Tage später hatte Schuhart seinen neuen Angriffsraum westlich von Irland erreicht. Endlich konnte der Obersteuermann wieder ein Sonnenbesteck nehmen, das eine Standortversetzung von 30 Seemeilen nachwies. Es war gegen 17.00 Uhr des gleichen Tages, als der vordere Steuerbordausguck Georg Hering ein auffälliges Objekt entdeckte. Er nahm sein Doppelglas an die Augen und beobachtete den dünnen, dunklen Strich, der ganz langsam über den Horizont von Ost nach West kroch. Minutenlang schaute er schweigend, dann war er seiner Sache sicher.

„Herr Leutnant", wandte er sich an den II. Wachoffizier Ludwig Forster, „ich glaube, da ist ein Schiff".

Forster ließ sich von Georg Hering einweisen. Auch er sah den dunklen Schatten, und plötzlich entdeckte er im Dämmerlicht noch etwas: War da nicht schwarzer Rauch, der von Osten nach Westen wehte?

„Kommandanten wecken", rief der II WO kurzentschlossen in die Zentrale.

Zwei Minuten später stand Otto Schuhart schon auf der Brücke und blickte konzentriert durch sein Fernglas.

„Mittelgroßer Pott, schätze ich", brummte er nach einer Weile, „den begucken wir uns näher. Alle 'runter von der Brücke. Wir tauchen und schleichen uns unter Wasser an".

Die Posten stürzten zum Luk und ließen sich polternd in die Zentrale fallen. Als Letzter stieg der Kommandant ein und drehte das Turmluk fest. Schon gurgelte das Wasser in die Tauchtanks. Der LI kippte das Boot leicht nach vorne und ließ es in die Tiefe gleiten. Mit summenden E-Maschinen lief U 29 nun unter Wasser auf das verdächtige Objekt zu. Die Spannung an Bord stieg.

Der Horcher meldete:

„Schraubengeräusche, kommen näher".

„Weiter gut aufpassen, Schröter! Auf Sehrohrtiefe, LI", sagte Schuhart ruhig.

Der Leitende stand am Tiefenruder und steuerte das Boot vorsichtig nach oben. Zischend entwich das Wasser unter dem Druck der Pressluft aus den Tanks. Je höher das Boot kam, desto stärker schaukelte es unter den schweren Brechern an der Wasseroberfläche.

Der Kommandant saß bereits im Sehrohrsattel, hatte sich die Mütze in den Nacken geschoben. Nun fuhr er das Periskop aus und presste die Augen an die Gummiwülste der Okulare. Noch sah er nur den milchig-grünen Schleier des Seewassers.

„Ein bisschen höher noch", knurrte er.

Dann hatte das Periskop die Wasseroberfläche durchbrochen. LI Hermann Laufs musste nun Kurs und Geschwindigkeit, aber vor allem die Tauchtiefe beibehalten, damit das Sehrohr nicht zu weit hinaus kam, aber auch nicht unterschnitt. Für ein paar Sekunden sah der Kommandant am fahlen Horizont die schwarzen Rauchwolken und die Silhouette des Schiffs, dann donnerte ein schwerer Brecher über das Periskop und nahm ihm die Sicht.

„Und, Herr Kaleu?", rief der LI, der genauso neugierig war wie die übrigen Männer im Boot.

„Scheibenkleister", grunzte Schuhart, rieb sich die Augen und presste sie wieder auf die Okulare.

Plötzlich wurde das Boot von einer schweren Welle angehoben, das Sehrohr schnellte aus dem Wasser, lag für Sekunden völlig frei. Der Kommandant sah das Schiff, konnte aber wegen der großen Entfernung keine Einzelheiten erkennen, dann sackte U 29 wieder zurück, und durch das Periskop war wieder nur das trübe Meerwasser zu sehen.

„Elende Sauzucht", fluchte Schuhart, „wir steuern näher heran, LI, äußerste Kraft, sonst haut der Bursche ab".

„Beide E-Maschinen AK", gab der LI an den Maschinenraum weiter, und kurz darauf summten die Elektromotoren auf höchsten Touren. Mit einer Geschwindigkeit von sechs Knoten marschierte U 29 dem Dampfer entgegen. Minutenlang herrschte erwartungsvolle Stille im Boot. Dann meldete sich der Horcher:

„Schraubengeräusche werden lauter!".

„Periskop 'raus!", bellte Schuhart.

Surrend glitt der schlanke, ölglänzende Sehrohrmast nach oben. Der Kommandant schaute schon wieder konzentriert durch das Periskop. Ein erster Rundblick ergab, dass die aufgewühlte See frei von Schiffen war – bis auf den Einzelfahrer, der immer noch gemächlich und stur nach Westen steuerte.

„Verdammt, der fährt keine Zickzackkurse, hoffentlich ist das kein Neutraler", bemerkte Schuhart.

Die Männer warteten gespannt auf Befehle. Minuten vergingen. Jetzt konnte der Kommandant die Aufbauten des Schiffes deutlich erkennen.

„Tatsächlich, der Pott führt eine Flagge und Neutralitätsabzeichen – es ist ein Däne", stöhnte er genervt.

„Vielleicht ist er vom Feind gechartert, Herr Kaleu", mischte sich der I WO ein.

„Möglich, Lassen. Wir tauchen auf und schauen, ob er Bannware geladen hat", Schuhart war die Enttäuschung doch deutlich anzumerken.

„Kurs und Geschwindigkeit beibehalten, LI", rief er nun Hermann Laufs zu, „wenn ich es befehle, tauchen wir sofort auf, Klar?".

„Jawohl, Herr Kaleu!".

Otto Schuhart kletterte die Turmleiter hoch und hockte sich unter das verriegelte Luk. Unter ihm versammelten sich der I. Wachoffizier, die Brückenwache und die Geschützbedienung auf der eisernen Leiter. Konzentriert blickten Hermann Laufs und Zentralemaat Otto Linde auf die vielen Ventile, Manometer und Schaugläser. Gespannt warteten alle auf den Auftauchbefehl des Kommandanten. Die Sekunden verrannen. Dann meldete sich plötzlich Otto Schuhart:

„Auftauchen, LI!".

„Anblasen!", kam es wie aus der Pistole geschossen.

Zischend schoss Pressluft in die Tanks und drückte das Wasser nach außen. Das Boot stieg überraschend schnell und durchbrach schon nach wenigen Sekunden die Meeresoberfläche. Das Summen der E-Maschinen verstummte schlagartig, und der Lärm der Diesel setzte ein.

Schuhart riss das Luk auf, kühle, frische Luft strömte ins Boot. Dann sprang er behände auf die Brücke und nahm das Doppelglas vor die Augen. Das Schiff, aus dessen Schornstein schwarzer Rauch quoll, war nicht weit entfernt. Deutlich konnte er den Namen lesen:

„Dampfer heißt ‚Marit Maersk'", sagte Schuhart zu Obersteuermann Lemke, der neben ihm stand.

„Kenne ich, Herr Kaleu", antwortete der sofort, „kommt aus Kopenhagen".

II WO und Geschützbedienung hatten mittlerweile ihre Gefechtspositionen an der 8,8-cm-Kanone besetzt. Munition lag bereit, die erste Granate war in der Ladekammer, die Mündungsklappe geöffnet. Der Kanonier drehte an seiner Kurbel und stellte Richtung und Entfernung ein.

„Feuer frei!", brüllte der Kommandant.

Gebannt starrten die Brückenwächter zu dem dänischen Schiff. Das Geschütz donnerte, ein

Blitz fuhr aus der Mündung. Die Granate schlug kurz vor dem Schiff ein. Die heiße Kartuschenhülse rutschte aus der geöffneten Ladekammer und fiel klirrend auf das Oberdeck. Weißer Dampf stieg von ihr auf, als sie mit dem Wasser in Berührung kam.

„Nachladen!", befahl Otto Schuhart.

Doch einen zweiten Schuss brauchte er nicht mehr abfeuern zu lassen, auf der „Marit Maersk" schien man verstanden zu haben. Auf dem Deck des Frachters wimmelte es plötzlich von Seeleuten. Panisch rannten sie zu den Rettungsbooten, stiegen hinein, schwenkten sie an den Davits aus und ließen sie auf das Meer hinab.

Schuhart blickte angewidert auf das disziplinlose Gewusel.

„Feuer einstellen", befahl er, „Lemke, signalisieren Sie, die Leute sollen zurück auf ihr Schiff, wir wollen nur wissen, ob sie Bannware geladen haben".

Ein Dingi des Frachters schien unbeeindruckt von der allgemeinen Hektik und Lemkes Signalen. Zielstrebig und rasch hielt es auf U 29 zu, angetrieben von der Muskelkraft rudernder Matrosen. In der Mitte des Bootes saß mit verschränkten Armen der Kapitän.

„Sind Sie der Kapitän des Schiffes?", fragte Schuhart den älteren Mann.

„Yes, Captain".

„Woher kommen Sie?".

„Cork, Ireland".

„Bitte zeigen Sie mir Ihre Papiere".

Der dänische Kapitän griff eilfertig in seine Aktentasche, zog ein Bündel Papiere heraus und reichte es Otto Schuhart. Kommandant und I. Wachoffizier studierten minutenlang die Unterlagen.

„Scheint alles in Ordnung zu sein, Herr Kaleu", war das Ergebnis von Georg Lassen.

„Ja, scheint alles o.k. Nach den Papieren ist der Dampfer leer, auf dem Wege von Cork nach Boston, um dort Getreide für Irland zu holen", bestätigte Schuhart.

Freundlich klopfte er dem Kapitän der „Marit Maersk" auf die Schulter, gab ihm die Papiere zurück und erklärte, dass er weiterfahren dürfe. Mit einer fast devoten Verbeugung bedankte sich der alte Mann, bestieg sein Dingi und ließ sich zu seinem Schiff rudern. Dort war die Besatzung inzwischen wieder vollzählig an Bord, sämtliche Rettungsboote waren verstaut. Die dänischen Seeleute winkten noch einmal kurz zum U-Boot hinüber und machten sich dann schnell davon.

Auch U 29 setzte seine Reise fort. Eine Stunde nach Mitternacht, der 25. Februar war gerade angebrochen, kam erneut ein Schiff mit Nordkurs in Sicht. Schuhart überholte das Fahrzeug zunächst in einem weiten Bogen, setzte sich davor – zum Angriff. Durch das Sehrohr beobachtete er den beleuchteten Frachter.

„Ist vermutlich wieder ein Neutraler", seufzte der Kommandant enttäuscht, „aber wir gucken ihn mal genauer an".

Gesagt – getan! Nur wenig später war U 29 so nahe an das Fahrzeug herangelaufen, dass es dort bemerkt worden sein musste.

„Geben Sie ,stoppen Sie' 'rüber", befahl Schuhart seinem jungen Signalgasten.

Das Schiff kam der Aufforderung sofort nach, und Sekunden später kamen von ihm ebenfalls Signale mit der Klappbuchs.

„Ist der norwegische Dampfer ,Stromboli', Herr Kaleu", übersetzte der Signalgast.

„Sagen Sie ihm, wir kommen zur Kontrolle an Bord", befahl Schuhart, „Lassen, nehmen Sie sich drei Leute und pullen Sie hinüber. Schauen Sie sich die Papiere genau an". Schnell war das Dingi klar gemacht, und der I WO ruderte mit vier Männern zu dem norwegischen Schiff, das die Geschützbedienung von U 29 mit ihrer 8,8-cm-Kanone in Schach hielt. Schuhart würde sofort schießen, sollte der Frachter einen Fluchtversuch unternehmen. Lassen war schon nach einer halben Stunde wieder zurück.

„Na, was haben Sie denn herausbekommen?", fragte Schuhart seinen I WO.

„Sie hatten recht, Herr Kaleu", antwortete der, „ist ein neutraler Norweger, ‚Stromboli' stimmt auch. Er hat Stückgut, hauptsächlich aber Kork, für verschiedene norwegische Empfänger geladen. Ist auf dem Weg von Lissabon nach Bergen, Herr Kaleu".

„Gut, Lassen, erwiderte der Kommandant und dann an den Signalgast gewandt, „signalisieren Sie denen, dass sie abhauen sollen".

Schon kurze Zeit später war das Schiff in der Dunkelheit verschwunden, und U 29 steuerte mit kleinster Fahrtstufe und wechselnden Kursen nach Osten.

Am 28. Februar, gegen 15.00 Uhr horchte der Funker von U 29 mehrere Wasserbombendetonationen. Und eine Stunde später tauchten aus dem Dunst die Schatten von zwei Zerstörern auf.

„Alaaaaarm", brüllte Schuhart und ließ auf 30 Meter tauchen.

Als der Horchraum nach einiger Zeit keine Ortung mehr hatte, wagte der Kommandant einen Rundblick durch das Sehrohr: Von den Zerstörern war weit und breit nichts mehr zu sehen; offenbar hatten sie das U-Boot nicht bemerkt. Nach Einsetzen der Dunkelheit ließ Schuhart wieder auftauchen. Nachdenklich kratzte er sich am Kinn.

„Wo Zerstörer sind, ist meist ein Gleitzug nicht weit. Und wenn einer in der Nähe ist, dann finden wir ihn auch, Leute", sagte er fröhlich zu den Brückenwächtern.

Kurz nach Mitternacht, am 29. Februar wurden zwar zunächst nur vier Fischereifahrzeuge gesichtet, dann meldete sich aber plötzlich der achtere Backbordausguck. Er war hörbar aufgeregt:

„Achteraus Geleitzug, Entfernung 7.000 Meter".

Wie auf Kommando flogen Köpfe mit Doppelgläsern herum. Deutlich waren einige kleinere Frachter und zwei größere Fahrgastschiffe zu sehen – und Zerstörer.

„Steuert Westkurs, Herr Kaleu", murmelte Obersteuermann Lemke.

Doch er hatte noch nicht ausgesprochen, da zackte das Geleit nach Norden. Ein Überwasserangriff war wegen der mondhellen Nacht nicht möglich, außerdem zeichnete sich U 29 deutlich am hellen Horizont im Osten ab, wo die Morgendämmerung einsetzte. Schuhart beschloss nun, das Geleit tagsüber zu überholen und dann einen Unterwasserangriff zu fahren. Mit äußerster Kraft schnürte das Boot durch die See. Gegen 08.20 Uhr hatte man wieder Fühlung. Bald würde die richtige Angriffsposition erreicht sein, zwei Torpedos lagen schon feuerbereit in den Rohren.

08.43 Uhr: „Flugzeug voraus", brüllte ein Brückenwächter und deutete mit der Hand in den Himmel. Schuhart sah die dreimotorige Maschine, die direkt auf das Boot zuhielt, sofort.

„Alaaarm!".

Die Brückenwache polterte in die Zentrale. Während der Kommandant als Letzter einstieg, sah er noch aus den Augenwinkeln, wie das Flugboot in die Richtung des Geleitzugs eindrehte, wahrscheinlich um diesen zu sichern. Die Maschine hatte U 29 offenbar nicht bemerkt. Schon eine halbe Stunde später gab Schuhart den Auftauchbefehl. Kaum über Wasser, kam Steuerbord achteraus ein größeres Schiff auf parallelem Kurs in Sicht. Der Kommandant beschloss, das Fahrzeug sofort anzugreifen, auch wenn der Konvoi dann nicht mehr erreicht werden könnte. Der Spatz in der Hand war ihm jetzt lieber als die Taube auf dem Dach.

Als dann plötzlich auch noch starker Regen einsetzte, war er vollends zufrieden. Im Schutz des Wolkenbruchs, mit dem eine rapide Sichtverschlechterung einher ging, wollte er an das Schiff heranstaffeln. Nach der Koppelung hätte U 29 eigentlich wenig später vor dem Dampfer stehen müssen, der war aber plötzlich verschwunden. Schuhart ließ tauchen, weil der Horchbereich größer als die Sichtweite war, aber weit und breit war nichts von Schraubengeräuschen zu hören. Um die Mittagszeit brach er die Suche ab. Das Geleit war mittlerweile auch unerreichbar, und so beschloss er, zu seinem eigentlichen Auftrag zurückzukehren, dem Minenlegen im Bristol-Kanal.

Am Morgen des 1. März 1940 stand U 29 zwischen den Scilly-Inseln und dem Bristol-Kanal. Schuhart ließ tauchen, um die Minen vorzubereiten. In der Abenddämmerung betrachtete er fasziniert die zahlreichen Leuchtfeuer an der Küste und die Leuchtschiffe in der Einfahrt des Bristol-Kanals – wenn nicht Krieg gewesen wäre, hätte man von einem romantischen Abend sprechen können.

Gegen Mitternacht schlich das Boot auf Sehrohrtiefe in den Bristol-Kanal. Auch um diese Uhrzeit wimmelte es noch von Fahrzeugen, um die zeitraubende Ausweichmanöver gefahren werden mussten. Um 06.30 Uhr legte Schuhart das Boot bei Bull Point bei 46 Metern Wassertiefe auf Grund. Hier wollte er auf die nächste Nacht warten. Den ganzen Tag über meldete der Horcher Schraubengeräusche – an der Wasseroberfläche herrschte starker Verkehr.

Um 20.30 Uhr, es war mittlerweile stockdunkel, ließ der Kommandant auftauchen. Die Nacht schien günstig für das geplante Manöver. Der Bristol-Kanal wurde zwar von zahlreichen kleinen beleuchteten Fahrzeugen bewacht, die aber wenig aufmerksam waren. Bei den guten Sichtverhältnissen hätte U 29 auch leicht ausweichen können. Die Navigation in Landnähe hingegen bereitete wegen der starken Strömung schon mehr Schwierigkeiten. Um 23.52 Uhr ließ Schuhart etwa 2,5 Seemeilen westlich von Nash-Point an der südwalisischen Küste, vor der Hafenausfahrt von Newport die erste Mine durch das Torpedorohr I ausstoßen. Um 01.27 Uhr, der 3. März war mittlerweile angebrochen, endete das Manöver mit der Verlegung der zwölften und letzten. Sämtliche Minen lagen dort, wo sie sollten: mitten in der Fahrrinne bei 51° 19,8' bis 51° 25,1' Nord / 3° 48,2' bis 3° 41,6' West.

Auch wenn die Aktion erfolgreich war, ein Spaziergang war sie nicht. Nach dem Ausstoß der sechsten Mine musste das Manöver unterbrochen werden. U 29 kam ein Wachboot auf östlichem Kurs entgegen, das plötzlich, nur 2.000 Meter entfernt, stoppte. Schuhart fürchtete, dass der Bewacher Verdacht geschöpft hatte und dass sich U 29 beim Abdrehen verraten würde. Deshalb blieb er für etwa eine halbe Stunde unter Wasser. Das Schiff fuhr allerdings bald weiter, und Schuhart konnte das Unternehmen fortsetzen. Durch die Unterbrechung war allerdings zwischen der sechsten und der siebten Mine eine Lücke entstanden.

Beim Rückmarsch geriet U 29 nahe Nash-Point noch einmal in eine schwierige Situation. Um 06.30 Uhr kamen dem Boot zwei einlaufende Dampfer und drei Bewacher entgegen, von denen einer die Laternen löschte. Schuhart ließ das Boot deshalb bis zur Klärung der Lage bei Bull Point bei 50 Metern Tiefe auf Grund legen.

Noch am gleichen Tag lief das britische Schiff „Cato" mit 710 Bruttoregistertonnen auf eine der von U 29 ausgelegten Minen und sank. Von der fünfzehnköpfigen Besatzung überlebten nur zwei Seeleute, die von der „H.M.S. Akita" geborgen wurden. Die „Cato" transportierte 400 Tonnen Frachtgut. Von der Ladung konnten 54 volle und 15 leere Bierfässer geborgen werden. Am 16. März 1940 wurde der jugoslawische Frachter „Slava" mit 4.512 Bruttoregistertonnen das Opfer einer Mine. Die „Slava" sank fünf Seemeilen südwestlich von Nash-Point im Bristol-Kanal. Sie hatte Kohle und Koks geladen und war auf dem Weg von Cardiff nach Buenos Aires. Von der 34-köpfigen Besatzung kam ein Seemann ums Leben.

Am 3. März, Punkt 15.00 Uhr löste sich U 29 vom Grund und lief mit ablaufendem Wasser getaucht nach Westen. Bei Einbruch der Dunkelheit tauchte das Boot wieder auf und marschierte den von den Scillys nach Norden führenden Schiffsweg entlang, nun wieder auf der Jagd nach feindlichen Schiffen. Durch die in regelmäßigen Abständen patrouillierenden Bewacher wurde U 29 aber immer mehr nach Westen abgedrängt. Gegen 04.00 Uhr morgens, am 4. März 1940 kam ein grünes Licht in Sicht, die Positionslaterne eines vollkommen abgeblendet gehenden Schiffes. Schuhart lief sofort zum Angriff an.

Um genau 05.23 Uhr feuerte er einen Torpedo aus Rohr IV. Nach einer Laufzeit von 122 Sekunden beobachteten die U-Boot-Männer eine schwere Explosion im hinteren Teil des Schiffes. Eine schwarze Rauchwolke verhüllte es für Sekunden, dann sank es träge über den Achtersteven. Nach nicht einmal einer Minute war der Frachter in den Tiefen des Meeres verschwunden. 7.000 Meter querab waren sechs Fischerboote zu sehen, die aber nichts unternahmen; wahrscheinlich hatten sie die Tragödie nicht bemerkt.

U 29 hatte die britische „Thurston" mit 3.072 Bruttoregistertonnen 32 Seemeilen westlich von Trevose Head in Cornwall versenkt. Sie war mit 4.500 Tonnen Manganerz auf dem Weg nach Workington. Der Kapitän und 33 Seeleute fanden den Tod, nur drei Besatzungsmitglieder wurden vom britischen Frachter „Moyle" gerettet und nach Cardiff gebracht.

Gegen 07.00 Uhr musste U 29 vor einem Bewacher tauchen. Nachdem es in diesem Seegebiet offensichtlich von feindlichen Schiffen, Fischern und Flugzeugen nur so wimmelte, beschloss Schuhart, tagsüber unter Wasser zu marschieren.

11.44 Uhr: Durch das Sehrohr kamen achteraus drei Schiffe in Sicht, ein Einzelfahrer und zwei im Verband laufende, jedes ungefähr mit 6.000 Bruttoregistertonnen. Das hinterste schien ein Tankschiff zu sein, es hatte seine Brücke achtern und lag vergleichsweise hoch im Wasser. Schuhart entschied sich, das erste Schiff anzugreifen. Zwar konnte er wegen der spiegelglatten See das Sehrohr beim Anlauf nur sparsam einsetzen, trotzdem war U 29 schnell in einer guten Schussposition. Schon wanderte der Frachter ins Visier.

„Rohr I fertig!", bellte der Kommandant.

„Rohr I ist fertig!", kam prompt die Antwort.

„Torpedo looos!", es war genau 12.08 Uhr.

Nach 25 Sekunden, Schuhart wollte sich gerade das zweite Schiff vornehmen, dröhnte eine schwere Detonation durch das Boot. Die U-Boot-Männer verglichen die Erschütterungen, die sie spürten, mit einer nahe liegenden Wasserbombenexplosion.

Den Kommandanten brachte das nicht aus der Ruhe, nur wenige Sekunden danach schickte er einen Torpedo aus Rohr II auf den zweiten Frachter. Die Sekunden tickten.

„Zeit ist um", raunte Obersteuermann Lemke nach 75 Sekunden in die Stille.

Im gleichen Augenblick rummste es gewaltig. Schuhart ließ Gegenkurs steuern und fixierte das erste Schiff durch das Sehrohr. Es war offenbar schwer getroffen, hatte gestoppt und lag mit leichter Schlagseite nach Steuerbord im Wasser. Die Besatzung ging in die Boote. Der zweite Dampfer schien unbeschädigt zu sein und hatte nach Steuerbord abgedreht. Ehe der Kommandant das Boot zum Schuss aus dem Heckrohr wenden konnte, lief er mit hoher Fahrt ab.

Inzwischen war auf dem ersten Frachter die Besatzung wieder an Bord zurückgekehrt. Die Rettungsboote waren am Heck festgemacht und wurden hinterhergeschleppt. Mit ganz geringer Fahrt schlich das Schiff nach Steuerbord.

„Die denken, sie sind von einer Mine getroffen worden, Herr Kaleu", grinste der I WO.

„Stimmt, wenn die wüssten, dass ein U-Boot in der Nähe ist, wären sie sicher in ihren Dingis geblieben", gab ihm Schuhart recht und fuhr dann fort, „den Pott machen wir mit unserem letzten Torpedo aus dem Heckrohr kalt".

Schuhart hatte das schwer angeschlagene Schiff in der Zwischenzeit nicht aus den Augen gelassen. Mittschiffs hatte sich starker Rauch entwickelt, die Lage des Frachters im Wasser war allerdings unverändert geblieben. Wenig später war U 29 wieder in Angriffsposition, der Frachter lief abermals ins Fadenkreuz. Um 12.39 Uhr schoss der letzte Torpedo zischend aus Rohr V, dem Heckrohr. Wieder verrannen Sekunden.

„Zeit ist um!", meldete Obersteuermann Lemke.

„Verdammt, Fehlschuss", fluchte der Kommandant, und im gleichen Moment meldete der Horcher ein klirrendes Geräusch, wie bei einem Aufprall von Metall auf Metall, aber keine Detonation.

Leise schimpfend blickte Schuhart wieder durch das Periskop. Was er sah, machte ihn stutzig. Zwar war keine Explosion zu hören gewesen, trotzdem knickte der Dampfer in der Mitte ein. Als ein Flugzeug in größerer Entfernung auftauchte, unterbrach der Kommandant seine Studien und ließ auf 20 Meter Tiefe tauchen. Als er zwanzig Minuten später wieder einen Rundblick wagte, war das Schiff verschwunden.

Später stellte sich heraus, dass U 29 das britische Motorschiff „Pacific Reliance" mit 6.717 Bruttoregistertonnen nördlich Land's End/Cornwall versenkt hatte. Es gehörte zum Geleitzug HX.19 und war mit Frachtgut und Flugzeugteilen auf dem Weg nach Liverpool. Die 53-köpfige Besatzung, unter ihnen der Konvoi-Kommodore, überlebte komplett. Sie wurde vom britischen Küstendampfer „Macville" aufgenommen und nach Newlyn/Cornwall gebracht.

Das zweite Schiff, auf das es Schuhart abgesehen hatte, war der britische Tanker „San Florentino" mit 12.842 Bruttoregistertonnen. Er hatte S.O.S. gefunkt und gemeldet, dass er 19 Seemeilen nördlich des Longship-Leuchtturms vor Land's End torpediert worden sei. So verstand es zumindest der deutsche Nachrichtendienst, der den Funkspruch aufgefangen hatte. Dies veranlasste den B.d.U., diese angebliche Versenkung Otto Schuhart anzurechnen.

In Wirklichkeit war die „San Florentino" überhaupt nicht getroffen worden. Der Funker des Tankers meldete „wir wurden mit Torpedos angegriffen". Der Nachrichtendienst übersetzte den Text schlicht falsch: „Wir wurden torpediert".

Die Explosion, die auf U 29 gehört worden war, musste entweder ein Früh- oder ein Endstreckendetonierer gewesen sein.

Nachdem Schuhart bei diesem Angriff seinen letzten Torpedo verschossen hatte, befahl er den Rückmarsch. Auf der Heimreise stoppte U 29 am Morgen des 7. März 1940 den dänischen Frachter „Viborg" mit 1.190 Bruttoregistertonnen. Den Papieren nach war das

Schiff auf dem Weg von Esbjerg nach Casablanca, um von dort Phosphat nach Kopenhagen zu bringen. Nachdem die Papiere in Ordnung waren, durfte es weitermarschieren.

Gegen 10.00 Uhr kam ein weiterer Frachter in Sicht, und zwar die norwegische „Siremalm" mit 1.500 Bruttoregistertonnen. Sie gehörte der Reederei Joint Company in Helsingør und transportierte Salz von Spanien nach Oslo. Auch dieses Schiff wurde angehalten und nach Prüfung der Papiere wieder entlassen. Freilich sollte die „Siremalm" den Krieg nicht überstehen, sie wurde am 27. September 1941 von U 201 unter dem Kommando von Oberleutnant zur See Adalbert Schnee versenkt.

Am Abend des 8. März meldete die Brückenwache zwei Rauchfahnen. Schuhart vermutete zunächst Handelsschiffe, musste aber beim Näherkommen erkennen, dass er es mit zwei Fischkuttern zu tun hatte, allerdings ungewöhnlich großen. Obwohl die Entfernung etwa 7.000 Meter betrug, befahl der Kommandant sofort:

„Klarmachen zum Artilleriegefecht, Lassen!".

Schnell besetzte die Geschützbedienung ihre Kanone. Drei Minuten später pfiff ein Warnschuss in die Richtung der beiden Fischerboote. Statt jedoch anzuhalten, drehten die Schiffe ab, die Besatzungen erwiderten sogar mit ihren Heckgeschützen das Feuer – und die Granateneinschläge lagen sehr nahe am Boot.

Schuhart brach den Angriff sofort ab. Er ließ die Geschwindigkeit reduzieren und schickte die Kanoniere ins Boot. Es war offensichtlich, dass die zunächst harmlos wirkenden Fischkutter U 29 artilleristisch überlegen waren; zudem erschwerte die hohe Dünung ein Gefecht. Der Kampf konnte nur zu Ungunsten des U-Bootes ausgehen.

Der weitere Rückmarsch verlief dann völlig ereignislos. Kurz nach Mitternacht, am 12. März erreichte U 29 die Deutsche Bucht und durchfuhr das Warngebiet. Der Kommandant hatte die Brückenwache verstärkt und ihr eingeschärft, äußerst wachsam zu sein und sich keinesfalls ablenken zu lassen.

Um 09.25 Uhr begegnete das Boot dem auslaufenden U 30, das unter der Führung von Kapitänleutnant Fritz-Julius Lemp stand. Die Brückenposten der beiden U-Boote winkten sich lange zu, bis sie einander nicht mehr sehen konnten. Um 14.30 Uhr machte U 29 im U-Stützpunkt Wilhelmshaven fest. Die dritte Unternehmung des Bootes war erfolgreich zu Ende gegangen. Im Stützpunkt jedoch herrschte helle Aufregung. Einen Tag zuvor war das Schwesterboot U 31 bei einem Luftangriff auf die Schillig-Reede gesunken. Dabei war die gesamte Besatzung und auch Werftpersonal ums Leben gekommen. Otto Schuhart hatte nicht ohne Grund die Zahl der Brückenposten erhöht.

*Karl Dönitz beglückwünscht Offiziere und Mannschaft von U 29*
*zur Verleihung des Eisernen Kreuzes II. Klasse.*

*Links: Der Leitende Ingenieur von U 29 Oberleutnant (Ing.) Hermann Laufs. Rechts: Der Kommandant*
*von U 29, Kapitänleutnant Otto Schuhart nach der Ordensverleihung am 26. September 1939.*

*Nach dem Begrüßungszeremoniell kehrt bei der Besatzung von U 29 wieder der Alltag ein.*
*U 29 soll in die Werft zur Überholung.*

*Die Besatzung von U 29 kurz vor dem Auslaufen*
*zur zweiten Feindfahrt im November 1939.*

*Mit Hilfe eines Schleppers läuft U 29 am 26. Januar 1940*
*von Hamburg aus mit dem Ziel Wilhelmshaven.*
*Eine dicke Eisschicht umschließt das Boot.*

*U 29 am 6. Februar 1940 im Geleit eines*
*Schleppers und des Linienschiffes „Schlesien"*
*beim Auslaufen aus Wilhelmshaven.*

*Im Schlepp des Linienschiffes „Schlesien" verlässt U 29 am 6. Februar 1940*
*Wilhelmshaven und bricht zu seiner dritten Feindfahrt auf.*

*Der britische Dampfer „Thurston" hatte 3.072 BRT. Er sank am 4. März 1940
innerhalb von einer Minute nach einem Torpedotreffer durch U 29.*

*Das britische Motorschiff „British Reliance" zerbrach nach einem Torpedotreffer
mittschiffs und sank ebenfalls am 4. März 1940.*

*Begegnung mit dem aus Wilhelmshaven auslaufenden U 30 (Kapitänleutnant Fritz-Julius Lemp) am 12. März 1940. Fritz-Julius Lemp ist links im Bild auf dem „Wintergarten" von U 30 zu sehen. Rechts im Bild U 29: Otto Schuhart (mit weißer Schirmmütze), neben ihm steht Georg Lassen. Im Hintergrund sieht man den Turm der Wilhelmshavener Schleuse.*

*Begrüßung der Besatzung von U 29 nach Beendigung der Feindfahrt.*

*12. März 1940 in Wilhelmshaven: Otto Schuhart im Gespräch mit anderen Offizieren. Im Stützpunkt herrschte helle Aufregung, weil am Tag zuvor das Schwesterboot U 31 (Johannes Habekost) durch ein britisches Flugzeug auf der Schillig-Reede versenkt worden war.*

*Besatzungsmitglieder von U 29 nach dem Ende der dritten Feindfahrt am 12. März 1940.*

*Auf der Brücke von U 29. V.l.n.r.: II WO Ludwig Forster, Obersteuermann Robert Lemke, Bootsmaat Karl Jäckel, LI Hermann Laufs, Kommandant Otto Schuhart (mit weißer Mütze).*

*I. Wachoffizier Georg Lassen auf der Brücke von U 29 zu Beginn der vierten Unternehmung mit Ziel Trondheim.*

*Hannes Graf, ein Besatzungsmitglied von U 29, im Jahre 1939.*

*U 29 wurde bei seiner vierten Unternehmung als Transportboot während des Norwegenfeldzuges eingesetzt. Das Foto zeigt das Boot kurz vor dem Festmachen in Trondheim.*

*U 29 machte am 23. April 1940 am Flusshafen in Trondheim fest.*

*U 29 hat am Flusshafen von Trondheim festgemacht. Vor dem Turm an der Kanone
lehnt der I. Wachoffizier, Oberleutnant zur See Georg Lassen.*

*Otto Schuhart (links im Bild) lässt in Trondheim ein Schlauchboot zu Wasser.*
*Die Männer sollen Erkundigungen einholen.*

*Auch Kartoffeln schälen will gelernt sein.*
*Vorne rechts ist Fritz Nickel zu sehen.*

*Auf der Pier in Trondheim. Links: I WO Georg Lassen –*
*rechts neben ihm der LI Hermann Laufs.*

*Ein deutscher Seeaufklärer in der Luft
über Trondheim.*

*Auf der Brücke von U 29. V.l.n.r.: Matrosenobergefreiter Sturhan, Leutnant zur See Forster,
zwei unbekannte Besatzungsmitglieder von U 29 und Kapitänleutnant (Ing.) Laufs.*

*Auf der Pier in Trondheim Ende April 1940. V.l.n.r.: II WO Ludwig Forster,*
*LI Hermann Laufs, ein unbekannter Gebirgsjäger und I WO Georg Lassen.*

*Am Morgen des 26. April 1940 verholt U 29 zur Ölübernahme im Hafen von Trondheim.*
*Im Vordergrund mit Fernglas: Obersteuermann Robert Lemke.*

*U 29 wird am frühen Morgen des 26. April 1940
zur Ölübernahme vorbereitet.*

*Der Kommandant überwacht
die Brennstoffübernahme.*

*U 29 während der Ölübernahme
in Trondheim.*

*U 29 legt nach der Ölübernahme von der Pier ab.
Bald geht es zurück nach Wilhelmshaven.*

*U 29 (links) und U 30 (rechts) laufen am 4. Mai 1940 gemeinsam in Wilhelmshaven ein. Links unterhalb des Turms von U 29, an die Reling gelehnt, steht Otto Schuhart, neben ihm Georg Lassen. Rechts oben auf dem „Wintergarten" von U 30 ist der Kommandant Fritz-Julius Lemp mit weißer Kommandantenmütze zu sehen.*

*U 29 macht an der Pier in Wilhelmshaven fest.*

Am 16. Mai 1940 wurde Otto Schuhart (Bildmitte) das Ritterkreuz verliehen. Auf dem Bild ist er mit seinen beiden Wachoffizieren zu sehen. Links von ihm steht der II WO Ludwig Forster, rechts neben ihm sein I WO Georg Lassen.

Kapitänleutnant Otto Schuhart erhielt als 4. Soldat der deutschen U-Bootwaffe das Ritterkreuz zum Eisernen Kreuz.

Otto Schuhart (ganz rechts im Bild) im Gespräch mit U-Bootoffizieren nach seiner Rückkehr von der Feindfahrt.

# U 29 als Fracht-U-Boot nach Norwegen

Während das Boot vom 15. März bis 9. April 1940 im Dock der Westwerft lag, fuhren Kommandant und Besatzung in den wohlverdienten Heimaturlaub. Als die Männer wieder in Wilhelmshaven eintrafen, war U 29 aber noch nicht einsatzklar. Noch bis 13. April dauerten die Instandsetzungsarbeiten, dann begann die Ausrüstung. Am Abend des 16. April 1940 wurde das Boot dann endlich gefechtsbereit gemeldet.

Am 9. April war das Unternehmen „Weserübung" angelaufen, die Invasion der deutschen Wehrmacht in Dänemark und Norwegen. Militärisches Ziel war die Besetzung der norwegischen Häfen, um Großbritannien zuvorzukommen, womit einerseits eine Seeblockade verhindert und andererseits die Eisenerz-Versorgung der deutschen Rüstungsindustrie aus Kiruna (Schweden) über Narvik gesichert werden sollte. Dänemark erschien den Planern unter General Nikolaus von Falkenhorst als Nachschubweg dabei unverzichtbar.

Konteradmiral Karl Dönitz hatte für seine U-Boote, die an der Invasion teilnehmen sollten, einen Aufgaben- und Verteilungsplan erarbeitet:

1.  *Sicherung der Landungsplätze:*
1.1  *Narvik durch vier U-Boote in tiefer Staffelung.*
1.2  *Trondheim durch zwei U-Boote.*
1.3  *Bergen durch fünf U-Boote, die die innere Einfahrt zu sperren haben, je zwei sollen die beiden Haupteinfahrten sichern, das fünfte unmittelbar vor dem Hafen stehen.*
1.4  *Stavanger durch zwei U-Boote, von denen das eine unmittelbar vor der Zufahrt, das zweite vor der äußeren Einfahrt, gleichzeitig zur Sicherung der Stadt Haugesund, stehen soll.*
2.  *Bildung von zwei Verfügungsgruppen, um etwaige feindliche Gegenlandungen zu verhindern:*
2.1  *Eine nördliche Gruppe von sechs mittleren U-Booten nordostwärts der Shetland-Inseln.*
2.2  *Eine südlichen Gruppe von drei kleinen U-Booten ostwärts der Orkneys.*
3.  *Aufstellung einer Gruppe von vier kleinen Booten östlich und westlich der Meerenge Pentland Firth, wo starker Verkehr feindlicher Seestreitkräfte zu erwarten ist.*
4.  *Aufstellung von Verfügungsgruppen vor Stavanger mit zwei kleinen U-Booten und westlich Lindesnes mit drei kleinen U-Booten, falls feindliche Seestreitkräfte versuchen, den eigenen Seeverkehr zu unterbrechen. Für diese Gruppen werden Schulboote herangezogen, deren geringer Aktionsradius ausreichend ist.*

Die Aufträge für die U-Boote legte der B.d.U. in einem Operationsbefehl nieder, der den Codenamen „Hartmut" trug. Sie wurden den Kommandanten in einem versiegelten Umschlag ausgehändigt, der erst nach Ausgabe des Codewortes geöffnet werden durfte. Die Kommandanten ahnten, dass etwas Großes bevorstand, aber das brachte sie nicht aus der Ruhe. Bis auf die jungen Führer der Schul-U-Boote waren alle Kommandanten und Besatzungen kriegserfahren und hatten in den zurückliegenden Monaten bereits große Erfolge gefeiert.

Die für die Operation „Weserübung" vorgesehenen Boote verließen Ende März, Anfang April 1940 ihre Stützpunkte in Richtung Norden. Am 6. April gab der B.d.U. den Befehl an alle in See stehenden Norwegenboote, die Umschläge mit dem Operationsbefehl „Hartmut" zu öffnen. Damit war gewährleistet, dass bis zum Morgen des 9. April, dem Beginn des Norwegenfeldzuges, alle U-Boote auf ihren befohlenen Positionen standen. Diese Massierung von Fahrzeugen sollte in der Lage sein, die erwarteten feindlichen Seestreitkräfte zurückzuschlagen. U 29 gehörte nicht zu den an der Aktion beteiligten Booten, zu Beginn des Unternehmens „Weserübung" lag es noch in der Westwerft von Wilhelmshaven.

Hitler befürchtete kurz nach Beginn der Operation, dass die Landungsstreitkräfte vor Narvik von der Royal Navy zurückgeschlagen werden könnten. Er befal deshalb, alle Hochsee-U-Boote vor Narvik zu konzentrieren. Dönitz schickte daraufhin sechs weitere Boote nach Narvik und wies die vier Boote, die noch in deutschen Häfen lagen, an, Nachschub zu laden und ihn nach Narvik zu bringen. Der letzte Befehl betraf U 26 unter Kapitänleutnant Heinz Scheringer, U 29 unter Otto Schuhart, U 43 unter Korvettenkapitän Wilhelm Ambrosius und U 61 unter Kapitänleutnant Jürgen Oesten. U 26, U 29 und U 43 sollten später nach Trondheim umgeleitet werden.

Nach Dönitz' Anordnung wurde U 29 in Wilhelmshaven in aller Eile mit Gewehr- und 2-cm-Flak-Munition, 1.300 Kalipatronen und 700 Litern destilliertem Wasser beladen. Zusätzlich nahm das Boot in seinen Regelzellen Flugbenzin für die Stukas in Trondheim auf. Am 17. April 1940 stach U 29 in See und steuerte zwei Tage später, am frühen Morgen den Leuchtturm von Marsteinen an, wo es auf das nach Hause marschierende U 7 traf, das unter dem Kommando von Kapitänleutnant Karl Schrott stand. Am Abend machte das Boot längs des Begleitschiffes „Carl Peters" in Bergen fest, wo 650 Kalipatronen und sechs Flaschenballons mit destilliertem Wasser übergeben wurden.

Am 20. April 1940 verließ U 29 in aller Frühe Bergen und marschierte weiter nach Trondheim. Der nächste Morgen empfing die U-Boot-Männer mit klarer Sicht. Plötzlich tauchten Masten eines Zerstörers am Horizont auf.

„Alaaaarm!".

Im Horchgerät waren die Geräusche des Zerstörers deutlich auszumachen, er lief mit hoher Fahrt auf östlichem Kurs. Im Periskop war seltsamerweise nichts zu sehen. Um 09.40 Uhr tauchte U 29 wieder auf. Der Zerstörer kam an Backbord gerade außer Sicht, allerdings zeichneten sich nun im Gegenlicht der Sonne die Brücke und zwei Masten eines anderen Fahrzeuges ab. Nach der Form der Masten musste es ebenfalls ein Zerstörer sein. Vorsichtshalber ließ Schuhart für eine Stunde tauchen.

Am 22. April, um 01.29 Uhr brachen plötzlich zwei hintereinander fahrende Zerstörer aus einer Schneeböe hervor. Wieder ging es in aller Eile unter Wasser, aber die Schiffe hatten das U-Boot gesehen und liefen zum Angriff an. Sie warfen Wasserbomben in die Tauchstelle, von der sich das Boot aber mittlerweile entfernt hatte, sodass sie ihm nicht gefährlich werden konnten.

U 29 hatte in der Zwischenzeit eine Tiefe von 40 Metern erreicht. Da die Auspuffklappen nicht richtig dicht hielten, nahm das Boot sehr viel Wasser auf. Schuhart ließ die 60-Metermarke ansteuern und gleichzeitig lenzen – die einzige Möglichkeit, das Boot zu halten. Die Geräusche der Pumpe verrieten allerdings den Standort. Schon lief einer der Zerstörer zum Angriff an, und wenige Sekunden später war das widerliche Aufklatschen von Wasserbomben auf den Meeresspiegel zu hören. Zwei Wabos detonierten unmittelbar neben dem Boot. Eine ungeheure Erschütterung warf U 29 hin und her, wobei es zu allerlei Schäden kam. Mehr als ein Dutzend Manometergläser zersprang, Kabel rissen, das Licht fiel komplett aus. Mehreren Männern schienen die Nerven durchzugehen, Schluchzen war zu hören, und der Geruch von Kot und Urin vermischte sich mit dem üblichen U-Bootmief. „Schadensmeldungen?", rief Schuhart aufgebracht.

Zügig kamen die Meldungen der verschiedenen Stationen: Es war ein Wunder, die Schäden waren gering, es gab keine größeren Ausfälle und auch keinen Wassereinbruch.

„Auf 70 Meter, LI, 180 Grad steuern", der Kommandant hatte sich nun wieder im Griff.

Sekunden später lief einer der Zerstörer wieder zum Angriff an, diesmal krachten fünf Wasserbomben dicht über dem Boot und rüttelten es heftig durch, abermals kam U 29 mit dem Schrecken davon. Und nur eine Viertelstunde später wiederholte sich das Ganze.

„Auf 75 Meter, 230 Grad steuern. Ruhig bleiben Männer!", befahl Schuhart leise und fügte dann grimmig an, „wer viel wirft, hat bald nichts mehr, die Zeit arbeitet für uns".

Der Kommandant schien recht zu behalten. Zwei Stunden vergingen, ohne dass etwas geschah, die Schraubengeräusche waren kaum mehr wahrnehmbar. Die U-Boot-Männer wähnten sich schon in Sicherheit, glaubten die Zerstörer abgeschüttelt zu haben. Mitten in diese Phase der Hoffnung detonierten dann völlig unerwartet drei Wasserbombenserien, die das Boot abermals hin und her schleuderten.

„Hartnäckige Burschen da oben", raunzte Schuhart kopfschüttelnd, in seiner Stimme schwang Respekt vor dem britischen Zerstörerkommandanten.

Erst gegen 10.00 Uhr hatten die Angreifer genug und liefen ab. Der Kommandant blieb vorsichtshalber noch bis Nachmittag unter Wasser, dann ließ er auftauchen und den Marsch fortsetzen. Ohne weitere Störungen erreichte U 29 am 23. April Trondheim und machte um 09.15 Uhr im Hafen fest, wo die beiden deutschen Zerstörer „Paul Jacobi" und „Theodor Riedel" lagen. Schnell waren die restlichen 650 Kalipatronen, sechs Flaschenballons mit destilliertem Wasser, fünf Tonnen Gewehr- und Flak-Munition und schließlich das Flugzeugbenzin gelöscht.

Am Mittag besuchte Schuhart den Hafenkommandanten, Kapitän zur See Thiele, und den Seebefehlshaber Trondheim, Fregattenkapitän von Pufendorf. Er meldete, dass ein sofortiges Wiederauslaufen von U 29 nicht möglich sei, da zuerst der Backborddiesel repariert werden müsse. Bereits zu Beginn der Reise hatte LI Hermann Laufs festgestellt, dass die Kolbenringe am Zylinder 5 der Backbordmaschine dringend ausgetauscht werden müssten. Die Arbeiten sollten nun in Trondheim durchgeführt werden. Laufs veranschlagte dafür ein bis zwei Tage.

Am Vormittag des folgenden Tages wurde bei einem Probelauf festgestellt, dass auch die Backbordkupplung zwischen Diesel- und E-Maschine nicht in Ordnung war. Die Mechaniker fanden die Ursache schnell, ein Gelenkbolzen war beim Einsetzen nicht gesichert worden und hatte sich deshalb verbogen. Die Trondheimer Werft musste nun also einen neuen Bolzen fertigen, was den Auslauftermin um weitere zwei bis drei Tage verzögerte.

Am nächsten Morgen, um 05.38 Uhr rissen schwere Bombendetonationen die Besatzung von U 29 aus dem Schlaf, sie kamen vom nahen Seeflughafen. Wie ein Lauffeuer verbreitete sich die Nachricht von einem britischen Luftangriff, den Maschinen vom Typ „Blackburn Skua" geflogen hatten. Fast eine Stunde lang dauerte das Bombardement. Das Ergebnis waren zwei völlig zerstörte und zwei beschädigte deutsche Flugzeuge im Seeflughafen von Trondheim und auf dem 30 Kilometer entfernten Landflugplatz Varnæs sieben vernichtete Stukas vom Typ „Junkers 87" und zwei Transportmaschinen vom Typ „Junkers 52". Ferner flogen ein Benzinlager und eine Flugzeughalle in die Luft. In die Stadt selbst fielen nur drei Bomben, der Schaden war gering. Der Angriff hatte aber eindeutig gezeigt, dass der Flak-Schutz in und um Trondheim zu dürftig war, er bestand nur aus den beiden deutschen Zerstörern, die zwar mehrere Treffer meldeten, aber keine Abschüsse. Begünstigt wurde der britische Luftangriff allerdings auch durch die niedrige Wolkendecke, in der sich die Flugzeuge verbergen konnten.

Am Vormittag des 26. April konnten die Reparaturen auf U 29 dann endlich abgeschlossen werden, kurz darauf wurden Treib- und Schmieröl gebunkert. Die U-Boot-Männer freuten sich schon, endlich wieder auf See zu kommen, als Hermann Laufs mit neuen Hiobsbotschaften kam. Der Kreiselkompass war ausgefallen – die Kugel war defekt und musste ausgewechselt werden –, ebenso die Funkanlage, aus dem Tauchtank I stiegen Luftbläschen auf, und das Heckrohr machte Wasser – alles Schäden, die erst nach und nach festgestellt wurden und die von der schweren Wasserbombenverfolgung herrührten. Schuhart meldete die Misere an den B.d.U., der prompt reagierte:

*U 29. Geschütz an Hafenkommandanten abgeben. B.d.U.*

Sofort begannen die U-Boot-Männer, die 8,8-cm-Kanone abzumontieren, die dem Hafenkommandanten zusammen mit 180 Schuss Munition übergeben wurde. Der Zerstörer „Theodor Riedel" bekam 1.000 Schuss MG-Munition. Als Ballast für das ausgebaute Geschütz übernahm U 29 zwölf von den deutschen Militärbehörden beschlagnahmte antike Kanonenrohre aus Bronze im Gesamtgewicht von etwa 3,5 Tonnen.

Am 27. April war das Boot endlich wieder einsatzklar. Um 03.00 Uhr morgens verließ es Trondheim und machte sich auf den Marsch nach Brettingnes, wo es tagsüber im Schutz der dortigen Artilleriebatterien lag, da die Einfahrten von je zwei britischen Zerstörern blockiert waren. Schuhart beriet sich mit seinen Wachoffizieren und dem Leitenden Ingenieur. Er wollte zunächst die Pläne der englischen Zerstörer erkunden. Ein Durchbruchversuch schien ihm zu gefährlich, denn dieser musste unter Wasser vor sich gehen, um nicht von den Beobachtern auf Örlandet bemerkt zu werden. Das aber bedeutete, dass sich U 29 den Zerstörern mit verbrauchten Batterien nähern musste. Zusätzlich war für die Navigation der Gebrauch des Sehrohrs unerlässlich, das bei der spiegelglatten See unweigerlich entdeckt worden wäre. Schließlich hatten die Zerstörer der „Afridi"-Klasse modernste Horch- und U-Boot-Abwehrgeräte an Bord. Man war also gezwungen zu warten.

Gegen 22.00 Uhr flogen drei deutsche Seeflugzeuge einen Bombenangriff auf das Dorf Örlandet, das danach noch eine halbe Stunde lang mit Maschinengewehren beharkt wurde. Erst am nächsten Vormittag drang die Nachricht zu U 29 durch, dass der Nachtangriff eigentlich den beiden britischen Zerstörern gegolten hatte, die mittlerweile nach Frohavet vor die Halbinsel Örlandet verlegt hatten.

Gegen 11.30 Uhr, am 28. April unternahmen acht deutsche Kampfflugzeuge einen neuen Angriff auf die beiden feindlichen Schiffe, die darauf nach Westen abliefen. Nun bot sich endlich die lange ersehnte Chance, aus dem Fjord herauszukommen. Gegen 12.30 Uhr tauchte U 29 im Schutz des Leuchtturmes Agdenes, außer Sichtweite von Örlandet, und trat die Rückreise an. Bald waren freie Gewässer erreicht, der Ausbruch war gelungen.

Am 29. April stand U 29 gegen 16.00 Uhr vor der norwegischen Küste und beobachtete in Richtung Molde und Kristiansund zwei dicke Rauchfahnen.

19.44 Uhr: „Alarmtauchen!", brüllte der II. Wachoffizier Ludwig Forster und schickte sofort die Brückenwache unter Deck. „Was ist denn los, Forster?", wollte Schuhart wissen, der gerade in der Zentrale ein Schwätzchen mit dem Obersteuermann hielt. „Erst haben wir Flakfeuer beobachtet, dann plötzlich vor unserem Bug in 4.000 bis 6.000 Metern Entfernung Geschosseinschläge bemerkt!", stieß der II WO völlig außer Atem hervor.

„Fliegerbomben?", fragte Schuhart.

„Wir haben kein Flugzeug gesehen, Herr Kaleu", versicherte Forster.

Während die beiden Offiziere noch grübelten, meldete sich der Horcher:

„Laute Schraubengeräusche voraus, kommen schnell näher!".

Im Sehrohr war nichts zu sehen, weshalb Schuhart vorsichtshalber auf 60 Meter tauchen ließ. Die Geräuschkulisse blieb. Sie war so außergewöhnlich laut, es schien fast, als ob sich mehrere Schiffe direkt über U 29 befänden. Der Lärm wanderte dann nach Backbord aus und mischte sich mit zahlreichen Detonationen. Zwei Stunden ging das so weiter. Erst viel später erfuhren die U-Boot-Männer, dass sie mitten in einen Angriff der deutschen Luftwaffe auf einen englischen Kreuzer und dessen Begleitzerstörer geraten waren.

Am 30. April meldete die Brückenwache um 10.20 Uhr an Backbord querab einen einzelnen Zerstörer, worauf das Boot sofort tauchte. Schuhart sah dann durch das Periskop sogar die Mastspitzen von zwei Fahrzeugen, konnte aber nicht angreifen, weil die Entfernung zu groß war und die Fahrzeuge mit hoher Fahrt abliefen.

Aber der Kommandant folgte seiner alten Maxime, dass zwei Zerstörer auf einen nahen Geleitzug hindeuteten. Er entschloss sich, den Fahrzeugen über Wasser mit Höchstgeschwindigkeit zu folgen. Und er schien recht zu behalten.

16.55 Uhr: „Geleitzug mit südwestlichem Kurs, Herr Kaleu", raunte I WO Lassen Otto Schuhart zu, der neben ihm auf der Brücke stand und die Schiffe seinerseits schon gesehen hatte.

„Tatsächlich, drei Dampfer – und weit und breit kein Zerstörer", bestätigte Schuhart, „220 Grad steuern, die sind weit weg, aber wir versuchen mal unser Glück".

Es schien zwar fraglich, ob der Konvoi auch mit Höchstfahrt eingeholt werden konnte, aber der Kommandant wollte sich nicht nachsagen lassen, es nicht versucht zu haben. Während U 29 mit äußerster Kraft durch die wogende See knüppelte, kam aus dem Dieselraum die Meldung, dass der Backborddiesel stark qualmte. Abgase traten durch ein Leck in der Kurbelwanne in den Maschinenraum und machten den Aufenthalt des Personals dort fast unmöglich. Zudem drohte durch die hohe Fahrt des Bootes die Gefahr einer Kurbelwannenexplosion.

Schuhart ließ sich davon aber nicht beirren, hielt weiterhin mit Höchstfahrt auf den Konvoi zu. Tatsächlich gelang es ihm, das Geleit einzuholen. Schon bald stand U 29 in der Nähe der Backbordsicherung. Durch das Sehrohr beobachtete der Kommandant einen Zerstörer, der in nur etwa 200 Metern Entfernung das Boot passierte. Jetzt hatte er freie Bahn auf das große Fahrzeug, das er als Passagierschiff identifiziert hatte. Schon kamen seine Befehle:

„Mündungsklappen öffnen, hart Steuerbord!".

In dem Moment, als die Mündungsklappen geöffnet wurden, sackte der Bug plötzlich ab, das Boot rauschte bis auf 17 Meter Tiefe durch. Noch während der LI versuchte, es abzufangen und wieder auf Sehrohrtiefe zu bringen, lief ein Zerstörer dicht am Heck von U 29 vorbei. Schuhart zog eilig das Sehrohr ein. Gleichzeitig meldete der Horcher, dass von Steuerbord ein zweiter Zerstörer anlief, was auch mit bloßem Ohr zu hören war. Plötzlich beschleunigte eines der Fahrzeuge, entfernte sich, kam aber bald wieder zurück und stoppte.

Schuhart schüttelte ärgerlich den Kopf. Er hatte völlig die Übersicht verloren. Waren da oben nun ein oder zwei Zerstörer am Werk? Wo waren deren Positionen? War der Konvoi inzwischen außer Reichweite? Wahrscheinlich!

Zu viele Unwägbarkeiten für einen vernünftigen Kommandanten, weshalb Schuhart den Angriff abbrach und den Rückmarsch fortsetzte. Um die Mittagszeit, am 4. Mai erreichte man die Schillig-Reede, von wo aus U 29 zusammen mit U 30, gesichert von einem Fla-Geleit, nach Wilhelmshaven lief und dort im U-Stützpunkt um 15.25 Uhr festmachte.

# Auf der Jagd westlich des Ärmelkanals und in der südwestlichen Biskaya

Während U 29 in der Westwerft von Wilhelmshaven überholt wurde, gingen Offiziere und Mannschaftsdienstgrade abwechselnd in den dringend benötigten Urlaub. In diese Zeit fiel eine einschneidende Veränderung bei der Besatzung. Der mit allen Wassern gewaschene Kapitänleutnant Hermann Laufs wurde abkommandiert, um das neue U 105 als Leitender Ingenieur zu übernehmen. Für ihn kam Oberleutnant (Ing.) Ernst Kammüller als LI an Bord.

Otto Schuhart wurde in diesen Tagen eine große Ehre zuteil. Am 16. Mai 1940 wurde ihm als vierten U-Boot-Kommandanten der Kriegsmarine das Ritterkreuz zum Eisernen Kreuz verliehen.

Nachdem wegen des Einsatzes vor Norwegen fast drei Monate lang kein deutsches U-Boot mehr den Atlantik befahren hatte, beschloss die deutsche Seekriegsleitung nach der gelungenen Invasion in Norwegen und Dänemark, die Operationen dort wieder aufzunehmen. Die Planung der ersten Einsätze war freilich schwierig, weil der B.d.U., Karl Dönitz, keinerlei verlässlichen Nachrichten über die Feindlage im Atlantik hatte.

Nachdem Ende Mai 1940 alle Norwegen-Boote überholt waren und die Torpedos, die ja bei den letzten Einsätzen häufig versagt hatten, mit besseren Zündpistolen versehen worden waren, schickte Dönitz seine U-Boote wieder zur Jagd in den Atlantik, und zwar Beduhn (U 25), Kuhnke (U 28), Lemp (U 30), Jenisch (U 32), Rollmann (U 34), Oehrn (U 37), Liebe (U 38), Ambrosius (U 43), Endrass (U 46), Prien (U 47), Rösing (U 48), Knorr (U 51), Salman (U 52), Harms (U 56), Kuppisch (U 58), Schewe (U 60), Oesten (U 61), Michalowski (U 62), von Stockhausen (U 65), Kretschmer (U 99), Frauenheim (U 101), von Klot-Heydenfeldt (U 102), Looff (U 122) und natürlich auch U 29 unter seinem bewährten Kommandanten Otto Schuhart. Er verließ am 27. Mai 1940 Wilhelmshaven zu seiner fünften Unternehmung. Das Boot hatte insgesamt elf Torpedos an Bord, neun mit Elektroantrieben, zwei mit Dampfgasmotoren.

Am folgenden Tag meldete die Brückenwache, dass die von großen Heringsschwärmen aufgeworfenen Blasen oft wie Torpedolaufbahnen aussähen. Schuhart vergatterte die Posten, darauf genauestens aufzupassen. Außer zahlreichen Fischkuttern war in den nächsten Tagen allerdings nichts zu sehen – Gammelfahrt, wie das der Obersteuermann so treffend bezeichnete.

Erst am 6. Juni tat sich etwas. Am Morgen kam ein beleuchteter neutraler Dampfer auf, vor dem Schuhart auf Sehrohrtiefe tauchen ließ. Deutlich sah er die japanischen Hoheitszeichen und das Signet der Nippon-Reederei. Da U 29 nicht bemerkt worden war, befahl Schuhart, unter Wasser zu bleiben und sich abzusetzen, schließlich sollte das Boot noch am gleichen Tag sein eigentliches Operationsziel, den Westausgang des Kanals, erreichen. Gegen 13.00 Uhr, am 7. Juni tauchte U 29 wieder auf, Regenschauer prasselten auf die See, der aufsteigende Dunst raubte die Sicht. Nur wenige Minuten nach dem Auftauchen holte der II WO den Kommandanten auf die Brücke.

„Was ist denn los, Forster?", wollte Schuhart wissen.

„Dampfer an Steuerbord, mindestens 5.000 Tonnen, Herr Kaleu", Forster wies ihn in die Richtung ein.

„Tatsächlich! Einsteigen, auf Tauchstationen!", befahl Schuhart kurz.

Hastig polterten die Posten durch den Turm, als Letzter verließ der Kommandant die Brücke.

Noch während er das Luk schloss, kippte U 29 nach vorne. Die Dieselmaschinen wurden abgeschaltet, nun trieben die E-Maschinen das Boot an.

„Auf Sehrohrtiefe gehen, LI!", befahl Schuhart.

„Boot auf Sehrohrtiefe durchgependelt", meldete Sekunden später der neue LI Ernst Kammüller, auch er war ein Meister seines Fachs.

Durch das Periskop betrachtete der Kommandant den Frachter, Neutralitätsabzeichen an den Bordwänden waren nicht zu sehen. Er brachte das Boot nun in die Angriffsposition. Um 14.02 Uhr schickte er einen Torpedo auf die Reise. Nachdem aber auch nach längerer Zeit keine Detonation zu hören war, ging Schuhart davon aus, dass er danebengeschossen hatte.

„Mistwetter, verdammtes", fluchte er lauthals, „ich habe mich sicher bei der Entfernung des Schiffes verschätzt, kein Wunder, ist ja fast nichts zu sehen".

Er beschloss nun, nach Westen abzulaufen, um den vielen Fischkuttern in diesem Seegebiet auszuweichen, die die Bewegungsfreiheit des Bootes tagsüber stark einschränkten. Am 11. Juni stand U 29 nordwestlich von Spanien, als sich der achtere Backbordausguck früh um 05.50 Uhr aufgeregt meldete:

„Achteraus viele Rauchfahnen, vermute Geleitzug!".

Der Kommandant, der gerade auf der Brücke eine seiner stinkenden Zigarren rauchte, nahm sein Fernglas und blickte in die angegebene Richtung. Tatsächlich, ein ganzer Wald von Schiffsmasten stand da am Horizont. Schuhart befahl sofort, auf den Konvoi zu operieren. Stundenlang schnürte das Boot mit Höchstfahrt durch die See. Erst gegen Mittag war man so nahe, dass man Genaueres erkennen konnte. Der vermeintliche Geleitzug entpuppte sich als Einzelfahrer, und zwar als kleiner Kohlendampfer mit etwa 1.500 Bruttoregistertonnen, dennoch befahl der Kommandant, zum Angriff zu tauchen. Um 12.15 Uhr löste er den Torpedo aus. Minuten vergingen, dehnten sich endlos. Erst nach acht Minuten detonierte das Geschoss, aber nicht in dem Schiff, sondern auf Grund.

Um 13.20 Uhr tauchte U 29 wieder auf. Von dem Geleitzug, vor dem das Boot jetzt eigentlich hätte stehen müssen, war nichts zu sehen, wahrscheinlich hatte er seinen Generalkurs geändert. Schuhart beschloss, weiter nach ihm zu suchen.

„Herr Kaleu, Endrass und Rösing operieren ebenfalls auf unseren Konvoi, haben eben Fühlung gemeldet", platzte der Funkmaat ins Mittagessen der dienstfreien Offiziere.

Noch bevor Schuhart etwas sagen konnte, kam von der Brücke die erlösende Meldung:

„Geleitzug in Sicht, an Steuerbord querab!".

Der Kommandant blickte kurz auf seine Uhr, es war 16.18 Uhr. Er befahl, den Konvoi zunächst in weitem Bogen zu überholen. Die Jagd hatte begonnen. Gegen 18.00 Uhr war U 29 so nahe am Geleit, dass der Kommandant zum Unterwasserangriff tauchen ließ. Durch das Periskop sah er, dass es durch einen voraus fahrenden Zerstörer gesichert wurde, wahrscheinlich ein französisches Schiff der „Le Mars"-Klasse. An jeder Seite des Konvois marschierten je fünf bewaffnete Fischkutter. Insgesamt bestand er aus fünfzehn, in drei Reihen fahrenden Frachtern. Langsam staffelte das Boot an den Geleitzug heran. Bald schon waren die Ziele ausgemacht: drei überlappend fahrende Dampfer.

„Wir schießen auf das vordere und das mittlere Schiff und auf den Tanker", ordnete Schuhart an.

Um 19.54 Uhr machten sich drei todbringende Torpedos auf den Weg. Wieder tickten die Sekunden, wurden zu Minuten – wieder keine Detonationen. „Verdammt nochmal, schon wieder Fehlschüsse", fluchte der Kommandant und fügte selbstkritisch an, „vermutlich habe ich die Entfernung falsch eingeschätzt".

Im gleichen Moment explodierte einer der Torpedos erneut als Grundgänger. Die Männer ließen die Köpfe hängen. Sie hatten getan, was sie konnten, hatten alles gegeben – und nun hatte sich der Kommandant verschätzt. Auch Otto Schuhart war deprimiert, dazu war er selbstkritisch genug. Aber es musste weitergehen. Er befahl, die Torpedorohre nachzuladen. Um 22.15 Uhr ließ er auftauchen und die Verfolgung des Geleitzuges aufnehmen. Am 12. Juni, kurz nach Mitternacht musste er dann allerdings einsehen, dass die Fühlung zum Konvoi endgültig verloren gegangen war. Er brach die Jagd ab und ließ auf Ostkurs steuern.

Um 16.05 Uhr kam achteraus ein Tankschiff in Sicht, das allerdings mit hoher Geschwindigkeit, etwa 15 bis 16 Seemeilen, und wilden Zickzackkursen fuhr. Das Tempo des Tankers war so hoch, dass ihn U 29 nicht einholen konnte, zumal die geringen Brennstoffreserven mittlerweile keine Höchstfahrt mehr erlaubten.

Pflichtgemäß meldete Schuhart dem B.d.U., dass die verbliebene Dieselmenge nur noch zum Rückmarsch reichen würde. Dönitz befahl daraufhin, U 29, aber auch den anderen Booten in spanischen Häfen aufzutanken. Hierfür waren Vigo mit den deutschen Dampfern „Bessel" (Deckname „Bernado") und El Ferrol mit dem Frachter „Max Albrecht" (Deckname"Arros") vorgesehen.

„Ich denke, Spanien ist neutral?", fragte der Obersteuermann und runzelte die Stirn.

„Das stimmt schon", murmelte Schuhart, dem die ganze Sache nicht geheuer war, „das ist halt Geheimdiplomatie, weiß doch jeder, wie gut Franco (Staatschef von Spanien, d. Verf.) und unser Adolf miteinander können. Da haben sich bei Kriegsbeginn deutsche Pötte internieren lassen, bis zum Stehkragen voll Brennstoff, damit deutsche U-Boote hier auftanken können. Na ja, der Ratschluss der Führung ist unergründlich. Auf alle Fälle wird das eine gefährliche Kiste".

Mit ärgerlicher Miene machte Schuhart auf dem Absatz kehrt und verschwand hinter dem Vorhang seines Schapps.

Am Morgen des 18. Juni konkretisierte der B.d.U. seinen Befehl:

*U 43. Heute Nacht, zu „Bernado". Einlaufen erst auf Befehl. U 29 Befehle folgen. B.d.U.*

Schon am Nachmittag kam der nächste Funkspruch des B.d.U.:

*U 43. Befehl für Auftanken bei „Bernado" für heute Nacht erteilt. Vollzug mit Kurzsignal am 19. Juni melden. Danach folgen Befehle für U 29, Einlaufen voraussichtlich in der Nacht des 20. Juni. B.d.U.*

Am 19. Juni, um 13.26 Uhr bekam U 29 dann genaue Anweisungen:

*U 29. Zu „Bernado" in der Nacht vom 20. auf den 21. Juni. U 43 hat bereits durchgeführt. B.d.U.*

„Ambrosius hat's geschafft, scheint doch nicht so schwierig zu sein", sinnierte der I WO, der hinter dem Kommandanten am Kartentisch stand. Schuhart starrte lange schweigend vor sich hin, dann bequemte er sich zu einer Antwort, die sehr grimmig ausfiel: „Ihren Optimismus möchte ich haben, I WO, na was soll's. 127 Grad steuern, Marsch nach Vigo".

Um 03.30 Uhr, am 20. Juni erreichte U 29 die spanische Küste bei Kap Finisterre im Westen Galiziens. Zwei Stunden später kam plötzlich parallel ein Schiff in Sicht. Es fuhr mit zwölf Knoten ohne Zickzackkurse. Schuhart befahl, zum Unterwasserangriff auf Sehrohrtiefe zu steuern. Im Periskop beobachtete er das Schiff. Deutlich sah er ein Heckgeschütz auf dem etwa 4.000 Bruttoregistertonnen großen Frachter mit seinem schrägen Steven, dem Kreuzerheck und zwei Masten.

„Könnte ein Franzose sein", überlegte Schuhart laut.

Der Anlauf gelang wie im Lehrbuch. Um 06.50 Uhr wurde der Torpedo ausgestoßen. Die Entfernung betrug nur 400 Meter, ein Vorbeischießen war unmöglich. Doch nach der errechneten Zeit hatte der Torpedo das Schiff nicht erreicht, alles blieb ruhig. Erst nach über neun Minuten detonierte der Torpedo, abermals als Grundgänger, etwa 1.200 Meter tief. Schuhart war außer sich. Hatte er sich bei den vergangenen Fehlschüssen noch selbst die Schuld gegeben, so war es nun ausgeschlossen, dass es an ihm gelegen hatte. Diesmal musste es ein Torpedoversager gewesen sein. Er vermutete eine defekte Tiefensteuerung.

Otto Schuhart hatte sich bald wieder gefasst, er konnte sich nicht mehr länger mit den Torpedo-Problemen beschäftigen. Schließlich hatte er Befehl, in der kommenden Nacht zur Treibstoffübernahme in Vigo einzulaufen. Ab sofort waren seine seemännischen Fähigkeiten gefragt.

Um die Mittagszeit näherte sich das Boot auf Sehrohrtiefe der spanischen Hafenstadt, immer mehr Fischerboote kreuzten seinen Kurs. Gegen 17.00 Uhr kam Vigo in Sicht. Schuhart hatte die Anweisung, möglichst schnell über Wasser an die nördliche Hafeneinfahrt heranzufahren, dann unter Wasser in den Hafen einzudringen und bei Einbruch der Dunkelheit aufzutauchen, um die „Bessel" zu suchen.

Entgegen dem Befehl, aber gemäß dem Rat von U 43 steuerte Schuhart vor die Südeinfahrt von Vigo, wo er auf Sehrohrtiefe auf die einbrechende Dunkelheit wartete. Um 23.21 Uhr tauchte U 29 auf und schlich sich langsam in die Südeinfahrt hinein. Es wimmelte nur so von unbeleuchteten kleinen Booten jeder Art und Größe. Zwar schienen alle dem Fischfang nachzugehen, aber die Menge der Fahrzeuge machte es unmöglich, ungesehen in den Hafen zu kommen. Schuhart lief deshalb zur Nordeinfahrt zurück, die er gegen 00.45 Uhr erreichte. Hier sah es aber ähnlich aus. In der Fahrrinne tummelten sich zahllose kleine unbeleuchtete Fischerboote. Der Kommandant manövrierte nun so nahe wie möglich an das hohe Festlandufer und konnte dadurch tatsächlich die Kutter umgehen. Um Punkt 02.05 Uhr machte U 29 längsseits des deutschen Dampfers „Bessel" fest. An Bord des Schiffs begrüßten der Assistent des deutschen Marineattachés in Madrid, Korvettenkapitän (Ing.) Lorek, zusammen mit dem Kapitän und den Offizieren der „Bessel" Kommandant und Besatzung von U 29, die ungepflegt wie sie nach der langen Reise aussahen, mit verdreckten Klamotten, wild wuchernden Bärten und fettigen Haaren, ein seltsames Bild neben den eleganten Frachtschiffoffizieren abgaben. Die Männer von der „Bessel" hatten sich aber perfekt vorbereitet. Die Ergänzung mit Treib- und Schmieröl, Frischwasser und Proviant ging zügig voran, und bereits um 05.00 Uhr morgens legte U 29 wieder ab.

Da es langsam hell wurde, beschloss Kapitänleutnant Schuhart, über Wasser durch die Südeinfahrt von Vigo auszulaufen. Wahrscheinlich wurde das U-Boot von den immer noch zahlreichen Fischern bemerkt, dennoch konnte es ohne Verzögerung das offene Meer erreichen. Um die Mittagszeit meldete Schuhart schließlich dem B.d.U.:

*Ergänzung „Bernado" befehlsgemäß durchgeführt. U 29.*

Am Nachmittag kam achteraus ein Schiff in Sicht, das der Kommandant unter Wasser ansteuerte. Es stellte sich schnell heraus, dass es ein neutrales war, der spanische Frachter „Fernando Lo. de Yberra". Die spanischen Seeleute erschraken mächtig, als U 29 urplötzlich neben ihnen aus dem Meer auftauchte. Schuhart kümmerte sich nicht weiter um das Schiff, sondern lief mit hoher Fahrt nach Westen in den Atlantik. Inzwischen hatte es wieder aufgebrist, auch der Seegang hatte zugenommen. Gegen 20.00 Uhr tauchte dann erneut ein Schiff auf, ohne Positionslichter.

„Scheint ein großer Fischdampfer zu sein, etwa 1.000 Tonnen, Herr Kaleu", raunte Georg Lassen dem Kommandanten zu, der das Fahrzeug durch sein Fernglas fixierte.

„An den verschwenden wir keinen Torpedo. Bei dem geringen Tiefgang des Schiffes und der hohen See ist ein Torpedoschuss zu unsicher, und Artillerieeinsatz ist wegen des Seegangs auch nicht möglich", bestimmte Schuhart und gab Befehle, dem Fahrzeug auszuweichen.

Am folgenden Tag stoppte U 29 ein Segelschiff, die französische „Michel Potez", die auf dem Weg von Cabo Blanco im Mittelmeer nach Brest war. Schuhart ließ den Segler laufen und setzte seinen Marsch nach Westen, in den Atlantik hinein, fort.

Am 23. Juni verschlechterte sich das Wetter dramatisch. Heftiger Regen prasselte auf die See, orkanartige Böen wüteten. Wieder und wieder wurde das Boot auf meterhohe Wellenkämme gehoben, um kurz darauf wieder hinabgeworfen zu werden. Manch einer der alten Fahrensmänner auf U 29 gab seine letzte Mahlzeit wieder von sich. An einen Waffeneinsatz war bei dieser Witterung überhaupt nicht zu denken.

Dies rettete wohl den Geleitzug, der um 09.30 Uhr in Sicht kam vor jedwelcher Torpedierung. Schuhart ließ zwar bis 12.00 Uhr Fühlung halten, in der Hoffnung, dass sich das Wetter bessern würde, aber es briste immer mehr auf. Als dann um die Mittagszeit noch ein Funkspruch des B.d.U. einging, der U 29 nördlich der Linie Cabo Villano und U 43 südlich davon schickte, befahl Schuhart, abzudrehen und das neue Operationsgebiet anzusteuern.

Die nächsten Stunden waren unspektakulär, allmählich flaute der Wind ab, der Seegang wurde ruhiger, die Sicht besser. Am 24. Juni, um 22.38 Uhr meldete sich der B.d.U. bei allen in See stehenden Booten:

*Waffenstillstandsvertrag mit Frankreich in Kraft getreten. Ab 25.06.1940, um 01.35 Uhr herrscht Waffenruhe. Der Krieg im Westen ist beendet. B.d.U.*

Während die Männer von U 29 in Jubel ausbrachen, sich umarmten und gegenseitig auf die Schultern klopften, fiel Otto Schuharts Kommentar sehr viel nüchterner aus. Ins Kriegstagebuch notierte er: „Unser Kampf gegen England geht weiter".

Am Vormittag des 26. Juni 1940 sichtete die Brückenwache ein Schiff. U 29 lief an und stoppte den Frachter durch einen genauen Schuss vor den Bug, worauf dessen komplette Besatzung völlig panisch zwei Rettungsboote bestieg, Segel setzte und Kurs auf die spanische Küste nahm. „Ist ein Grieche, Herr Kaleu, ‚Dimitris' mit 5.254 Bruttoregistertonnen", Obersteuermann Lemke hatte im Schiffsregister nachgeschlagen. Schuhart nickte nur und befahl, den Frachter mit dem 8,8-cm-Geschütz zu versenken. Die Geschützbedienung hatte aber wohl einen schlechten Tag erwischt, erst am Abend und nach dem Abfeuern einer Vielzahl von Granaten ging die „Dimitris" unter.

Als das Schiff gesunken war, kehrten Schuharts Gedanken zu dessen Besatzung zurück. Von der momentanen Position bis zur Küste war es doch ein gutes Stück. Da er befürchtete, dass auf den Rettungsbooten die Verpflegung knapp werden könnte, beschloss er, den Schiffbrüchigen hinterher zu fahren. Als sie eingeholt waren, konnte er zu seiner Erleichterung feststellen, dass die Boote genug Proviant und Frischwasser mit sich führten. Trotzdem spendierte er einige frisch gebackene Brote, Zigaretten und zwei Flaschen Rotwein und gab exakte Kursanweisungen. Die dankbaren Seeleute der „Dimitris" erzählten ihm im Gegenzug, dass sie mit 9.028 Tonnen Getreide, davon 5.400 Tonnen Weizen, auf dem Weg von Buenos Aires nach Liverpool waren.

Seinem II WO, der ihn ob der Fürsorglichkeit staunend, mit offenem Mund ansah, erklärte er lapidar:

„Sind Seeleute wie wir, Forster, vielleicht geht's uns mal ähnlich".

Am nächsten Tag entdeckte U 29 einen schnellen Einzelfahrer, an den Schuhart aber keinen Gedanken verschwendete, an ihn war auch mit Höchstfahrt nicht heran zu kommen.

Am 28. Juni wurde dann bei einem Prüfungstauchen ein gravierender Schaden festgestellt. Das Angriffssehrohr war ausgefallen. Eine eingehende Untersuchung brachte das Ergebnis, dass eine Glasplatte im Sehrohrkopf gesplittert war, dadurch war ein Wassereinbruch möglich. Die Ursache war unklar. Ein gewaltsamer Einfluss von außen konnte nicht verantwortlich sein, denn die Glasplatte war von innen nach außen gesplittert. Schuhart vermutete, dass der Schaden durch die Erschütterungen des stundenlangen Geschützfeuers vom 26. Juni entstanden war. Jedenfalls hielt er die Beeinträchtigung für so gravierend, dass er den sofortigen Rückmarsch befahl, dabei wollte er aber jede Gelegenheit zum Angriff nutzen.

Am Nachmittag des 1. Juli 1940, das Boot stand südwestlich von Irland, wurde der Kommandant auf die Brücke gerufen. Als er oben ankam, zeigte der I WO nach Backbord.

„Schöner Zossen, etwa 7.000 Tonnen, Herr Kaleu".

„Den kaufen wir uns", erwiderte Schuhart kurz, der in löchrigen Socken erschienen war, die schweren Seestiefel anzuziehen, hatte ihm einfach zu lange gedauert, „klar zum Artilleriegefecht!".

Schon reichte die Geschützbedienung die ersten Granaten durch den Turm auf die Brücke, die über eine Rutsche an Deck zur Kanone befördert wurden.

„Erst 'nen Schuss vor den Bug, Forster", befahl Schuhart dem Chef der Geschützmannschaft.

Einen Wimpernschlag später gab Ludwig Forster den Feuerbefehl, und schon schlug eine Granate dicht am Bug des Dampfers ein. Eine riesige Wassersäule schoss direkt an der Bordwand empor. Die Besatzung hatte zu diesem Zeitpunkt bereits die Rettungsboote besetzt. Alle 25 Besatzungsmitglieder sollten später wieder wohlbehalten in ihre Heimat kommen.

„Feuer einstellen", befahl Schuhart, als er sah dass das Schiff verlassen auf dem Meer dümpelte.

„Jetzt stocken wir erstmal unseren Frischproviant auf, Männer", frohlockte er grinsend. Die Brückenposten sahen sich verblüfft an. So etwas hatten sie bisher noch nicht erlebt.

„Lassen, nehmen Sie sich drei Leute und rudern sie mit dem Dingi zum Schiff. Bringen Sie Frischproviant mit, Schiffspapiere können Sie auch einpacken".

Der I. Wachoffizier grinste von einem Ohr zum anderen. Endlich konnte er Pirat spielen, ein Schiff entern, Beute machen und Schätze bergen. Die Männer rissen sich um den Auftrag, Lassen hatte keine Mühe, drei Freiwillige zu finden. Schnell war das Dingi zu Wasser gebracht, und mit kräftigen Zügen ruderte das Prisenkommando zu dem griechischen Frachter „Adamastos". Als solchen hatte ihn der Obersteuermann identifiziert und angefügt, dass er 5.889 Bruttoregistertonnen habe.

Über eine Stunde waren Lassen und sein Prisenkommando auf dem aufgebrachten Schiff. Als sie zurückkehrten, hatten sie nicht nur Unmengen von frischem Gemüse, Salat und Brot bei sich, sondern auch die Schiffspapiere, die der I WO mit feierlichem Gesichtsausdruck Schuhart übergab. Das Studium der Unterlagen ergab, dass die „Adamastos" 10.000 Tonnen Weizen in Buenos Aires geladen hatte und auf dem Weg nach Avonmouth, dem Hafen von Bristol, in England war. Obersteuermann Lemke hatte sich noch einmal ins Schiffsregister vertieft und gab seine neuen Informationen gerne weiter:

„Die „Adamastos" ist erst seit 1939 ein Grieche, hieß zuvor ‚Hanover' und war ein Ami, bis sie 1939 an die Reederei CM Lemos in Piräus verkauft wurde".

Schuhart hörte da schon nicht mehr zu, sondern beobachtete, wie das Schiff durch Artilleriefeuer versenkt wurde. Nachdem der griechische Frachter verschwunden war, setzte U 29 seinen Rückmarsch fort, dabei kam es gegen 22.00 Uhr zur Begegnung mit U 43, das mit Südkurs in sein Operationsgebiet marschierte.

Am 2. Juli 1940, früh um 07.45 Uhr meldete die Brückenwache ein Schiff auf südwestlichem Kurs. Der Kommandant befahl, es in einem weiten Bogen zu überholen. Als U 29 am späten Vormittag endlich vor dem Frachter stand, forderte er die Geschützbedienung an. Das hastige Getrampel schwerer Seestiefel war zu hören, als die Mannschaft durch das Luk an Deck und zur 8,8-cm-Kanone eilte.

Schon donnerte die erste Granate aus dem Rohr, die direkt vor dem Bug des Schiffs in die See einschlug. Der Kapitän ließ sofort die Maschinen stoppen. Äußerlich gelassen sah Schuhart zu, wie der Signalgast mit der Klappbuchs die Anweisung gab, dass die Besatzung innerhalb von 30 Minuten von Bord gehen solle. In der Zwischenzeit war der Obersteuermann mit seinem Schiffsregister auf die Brücke gekommen und las monoton daraus vor:

„Panamesischer Dampfer namens ‚Santa Margarita' mit 4.919 Bruttoregistertonnen, fuhr früher unter den Namen ‚Maria' und ‚Isleworth', Herr Kaleu".

Schuhart nickte stumm. Mittlerweile war die Besatzung dem Befehl, das Schiff zu verlassen, nachgekommen, eines der Dingis hielt direkt auf U 29 zu. Nun tat die Artilleriemannschaft ihre Pflicht und versenkte den Frachter mit mehreren gut gezielten Granaten.

Aus den Papieren, die dem Kapitän, der mittlerweile das Boot erreicht hatte, abgenommen worden waren, ergab sich, dass die „Santa Margarita" ohne Fracht auf dem Weg von Barry Dock in Süd-Wales nach Hampton Roads in den USA war. Sie war von der englischen Schifffahrtsgesellschaft P. Wigham-Richardson & Co. Ltd., London, gechartert. Die Besatzung bestand zum größten Teil aus Jugoslawen, ebenso der Kapitän. Als der seine Papiere Schuhart aushändigte, berichtete er flüsternd, dass er erhebliche disziplinäre Probleme mit seiner Besatzung hatte, die nicht in Gewässern fahren wollte, in denen U-Boote lauern konnten. Als U 29 das Schiff gestoppt hatte, befürchtete er sogar, von seinen Männern allein zurückgelassen zu werden. Sie waren schon lange vor ihm von Bord gegangen, ohne ihm Zeit zu lassen, auch nur das Notwendigste mitzunehmen. Deshalb war die Frist von 30 Minuten auch stark unterschritten worden.

„Der Käptn ist wirklich 'ne arme Sau", bilanzierte Schuhart nach dem kurzen Gespräch.

Den 39 Seeleuten brachte ihr unkameradschaftliches Verhalten wenig Glück. Nur 21 von ihnen wurden vom britischen Frachter „King John" gerettet, und von diesen fanden drei weitere während der Versenkung der „King John" durch den deutschen Hilfskreuzer „Widder" am 13. Juli 1940 den Tod.

Nachdem die „Santa Margarita" gesunken war, setzte U 29 den Rückmarsch in Richtung Norden fort. Der Kalender zeigte immer noch den 2. Juli 1940, mittlerweile war es 22.15 Uhr geworden. Die dritte Seewache unter Obersteuermann Lemke war auf der Brücke, der den Kommandanten holen ließ. Als Schuhart die Brücke erreichte, zeigte Lemke ungeduldig mit dem ausgestreckten Arm nach Backbord.

„Tankschiff mit südwestlichem Kurs, Herr Kaleu".

Schuhart nahm sein Glas vor die Augen und beobachtete das Fahrzeug lange.

„Zackt sehr stark, aber wir stehen auf seiner Generalkurslinie", murmelte er – und wenige Sekunden später, nun sehr resolut, „wir tauchen, klar zum Unterwasserangriff!".

U 29 tauchte und staffelte an den Tanker heran. Da das Angriffssehrohr ja defekt war, musste sich der Kommandant mit dem Luftzielsehrohr begnügen, aber zur Not ging es auch damit. Noch befand sich das Boot etwa 1.500 Meter von dem Tanker entfernt, als dieser plötzlich zackte und mit Lage null direkt auf das U-Boot zulief. Deutlich war zu sehen, dass das Schiff in Ballast fuhr, also leer war, es ragte ziemlich weit aus dem Wasser.

Schuhart gab rasch die Lagewerte durch, die Kurbel des Vorhalterechners surrte. Und um 23.52 Uhr ließ er einen Torpedo aus dem Heckrohr abfeuern, ohne seine Augen vom Sehrohr zu nehmen. Nach 32 Sekunden war eine leichte Detonation zu hören, und fast im gleichen Augenblick sah der Kommandant, wie das Mittelschiff des Tankers in schwarze Rauchwolken gehüllt wurde. Da der Qualm immer dichter wurde, vermutete er, das Schiff perfekt getroffen zu haben, und ließ sofort auftauchen. Als er zusammen mit dem Obersteuermann auf der Brücke ankam, zuckte er zusammen. Der Tanker lag gestoppt in etwa 1.500 Metern Entfernung und gab Lichtsignale, und zwar an drei andere Schiffe, die sich in der Nähe befanden, während ein viertes, ein riesiger Frachter, in 5.000 Metern Entfernung unbeirrt nach Südwesten weiterlief.

„Verflucht, Lemke. Ich kann das nicht glauben. Wir sind mitten in einem Geleitzug gelandet", schnaubte Schuhart.

Lemke und dem herbeigeeilten Georg Lassen hatte der Anblick die Sprache verschlagen. U 29 stand im Geleitzug OB.176, wie sich später herausstellen sollte.

„Dort sind zwei andere Fahrzeuge, die auf den Tanker zuhalten", flüsterte Lassen aufgeregt und deutete in die Richtung, ohne sein Fernglas von den Augen zu nehmen.

„Hm, eines ist auffallend schnell", murmelte Schuhart und nur Sekunden später, „scheinen Bergungsfahrzeuge zu sein oder sowas".

Wie aus dem Nichts stand plötzlich der Funkobergefreite Schröter hinter ihm.

„Tanker funkt U-Boot-Warnung und Standort. Es ist die ‚Athellaird' aus England mit 8.999 Bruttoregistertonnen, Herr Kaleu".

„Ganz schönes Kaliber", lächelte Georg Lassen. Derweil grübelte Otto Schuhart über seine nächsten Schritte. Es war ihm völlig unklar, was sich in dieser Gegend sonst so alles tummelte: nur Frachtschiffe oder auch Träger und Zerstörer? Was war mit Sicherungsflugzeugen? Sekunden später hatte er eine Entscheidung getroffen. Der Tanker schien manövrierunfähig, konnte also vorerst nicht entkommen. Die beiden anderen Frachtschiffe waren dagegen noch lohnende Ziele. Kurz nach Mitternacht, mittlerweile war der 3. Juli angebrochen, befahl der Kommandant:

„Wir verfolgen die beiden anderen Pötte!".

Das Boot lief rasch in die Nähe der beiden Fahrzeuge, schon waren sie nur noch 3.000 Meter entfernt. U 29 kam immer näher, allerdings war die Sicht schlecht geworden. Es war stockdunkel, und wegen der Gischt, die pausenlos über das Boot schwappte, konnten die Gläser fast nicht mehr verwendet werden. Und plötzlich waren die beiden Frachter außer Sicht geraten.

„Verdammt nochmal, elende Sauzucht, elende, die müssen den Kurs nach Süden geändert haben, wahrscheinlich auf die Notrufe des Tankers hin", fluchte Schuhart laut.

In seine Schimpftirade platzte der Funkobergefreite Schröter:

„Tanker gibt immer noch Notrufe durch, Herr Kaleu".

„Scheint nicht sinken zu wollen", überlegte Georg Lassen laut.

„Ja, Lassen, wir geben ihm den Fangschuss", sagte Schuhart, „die beiden anderen Kolcher finden wir sowieso nicht mehr".

U 29 marschierte zurück an die Torpedierungsstelle. Gegen 02.00 Uhr kam das Tankschiff wieder in Sicht. Es lag immer noch gestoppt in der groben See, war zwar etwas tiefer gesackt, sah aber ansonsten völlig unversehrt aus. Wenige Minuten vorher hatten mehrere rote Leuchtkugeln den pechschwarzen Nachthimmel fahl erhellt. Die Besatzung hatte mittlerweile offenbar den Havaristen verlassen. Möglicherweise war sie von den beiden kleinen Bergungsschiffen aufgenommen worden, von denen auch nichts mehr zu sehen war. Seit 45 Minuten blieb auch der Funk stumm.

„Fangschuss, Lassen!", befahl Schuhart nun.

Um 02.10 Uhr lief ein G7a-Torpedo dem bewegungslosen Ziel entgegen. Von der Brücke des U-Bootes konnte die Torpedolaufbahn verfolgt werden, und Georg Lassen witzelte noch:

„Ist ja wie an der Schießbude auf dem Jahrmarkt".

Der Torpedo lief perfekt, genau auf die Brücke des Tankers zu, allein, er detonierte nicht.

„Diese verdammten Dinger, ich werde hier noch wahnsinnig. Das kann doch nicht sein, diese ständigen Versager. Das ist doch Sabotage, das muss Sabotage sein!", Schuhart war außer sich.

Kurz darauf wurde ein weiterer G7a-Torpedo auf eine Entfernung von nur 500 Metern ausgestoßen, der aber ebenfalls nicht detonierte. Der Kommandant mochte gar nicht mehr hinsehen. Der dritte Torpedo traf dann endlich genau unterhalb der Brücke des Tankers. Es gab eine riesige Stichflamme, aus der sich eine Rauchwolke entwickelte. Rasch sackte das Schiff tiefer, wurde vorlastig. Fünfzehn Minuten später richtete es sich steil auf und sank über den Vordersteven. Seine Silhouette hob sich deutlich vom Nachthimmel ab – ein gespenstisches Schauspiel.

Erst nach ihrer Rückkehr erfuhren die U-Boot-Männer, dass die „Athellaird" auf dem Weg von Liverpool nach Kuba war, um dort Rohöl aufzunehmen. Die 42-köpfige Besatzung überlebte, wurde von „H.M.S. Sandwich" aufgenommen und nach Greenock gebracht.

Nach dem Untergang der „Athellaird" setzte U 29 die Heimreise fort, die aber schon um die Mittagszeit erneut unterbrochen wurde. Wieder meldete die Brückenwache ein Schiff. Sofort ließ der Kommandant tauchen. Eingehend studierte er es durch das Periskop und kommentierte dabei laut:

„Der Pott fährt in Ballast, schätze 4.500 Tonnen, keine Menschenseele zu sehen. Aber am Heck ist ein Geschütz. Den Namen kann ich nicht erkennen".

Um 17.40 Uhr schoss Schuhart den letzten verbliebenen Torpedo, der allerdings wieder nicht detonierte.

„Der muss unter dem Dampfer durchgelaufen sein", schimpfte er ärgerlich, „das ist jetzt einwandfrei der vierte Versager infolge Tiefensteuerungsfehler. Das wird ein Nachspiel haben. Die Torpedoheinis können was erleben, wenn ich wieder daheim bin", der Kommandant war überhaupt nicht mehr zu beruhigen.

U 29 hatte nun keine Torpedos mehr an Bord und nur noch 16 Schuss Artilleriemunition. Es galt nun, so schnell wie möglich zurückzumarschieren. Nach ereignislosen Tagen erreichte das Boot am 8. Juli die Straße zwischen den Orkneys und den Färöern. Am 11. Juli 1940 wurde es in der südlichen Nordsee vom „Sperrbrecher 8" aufgenommen, der es durch die Jade nach Wilhelmshaven geleitete, wo es um 19.50 Uhr im U-Stützpunkt festmachte. Die fünfte Feindfahrt war damit beendet.

In Wilhelmshaven erwartete Kommandant und Besatzung ein Bild des Grauens, das später zum Normalzustand werden sollte. Stadt und Marinehafen waren zwei Nächte zuvor das Ziel von 64 Bombern der Royal Air Force geworden. Zahlreiche Gebäude waren nur noch Schutt und Asche.

# Werftreif in die Schlacht

Zwischen dem 13. Juli und dem 26. August 1940 lag U 29 zur Überholung in der Wilhelmshavener Westwerft. Es waren größere Reparaturen notwendig, ein Motor musste ausgewechselt und die Batterie erneuert werden. Weitere Arbeiten und die Ausrüstung des Bootes zogen sich bis zum 1. September 1940 hin. Dann war U 29 wieder seeklar.

Am 2. September verließ das Boot Wilhelmshaven-Reede im Geleit des „Sperrbrechers 3". Der Marsch durch die südliche Nordsee verlief zunächst ohne besondere Vorkommnisse. Am Abend des 3. September stellte Schuhart dann beim Auftauchen fest, dass sich das Angriffsperiskop nur noch schwer ausfahren ließ und schließlich völlig klemmte. Die Bordmechaniker fanden den Schaden schnell, ein Fremdkörper im Sehrohrschacht war dafür verantwortlich.

„Das können wir nicht mit Bordmitteln beheben, Herr Kaleu", meldete der Leitende Ingenieur Ernst Kammüller.

Die Offiziere setzten sich kurz zusammen und beratschlagten, die Entscheidung war schnell getroffen:

„Wir werden zur Reparatur Bergen anlaufen".

Schon wenige Minuten später setzte Schuhart den B.d.U. davon in Kenntnis. Auf der Fahrt nach Bergen streikte dann der Backborddiesel. Ein Kolbenbolzen des Zylinders 6 saß fest. Der Kolben musste ausgewechselt werden. Auch dies sollte in der Werft von Bergen gemacht werden. Schon am Abend des 5. September machte das Boot in der norwegischen Küstenstadt längsseits der „Unitas" fest.

Die Reparatur der Maschine ging flott, schon am folgenden Tag meldete Kammüller den Backborddiesel wieder klar, aber die Instandsetzung des Angriffssehrohrs gestaltete sich schwierig; es musste komplett ausgebaut und das notwendige Ersatzteil aus Deutschland eingeflogen werden. Da die Techniker in Bergen mit derartigen Arbeiten ebenso überfordert waren wie die Mechaniker von U 29, forderte Schuhart die Sehrohr-Spezialisten der Westwerft in Wilhelmshaven an. Die Werftleitung sagte zwar den eiligen Versand des Ersatzteils zu, konnte aber keine Mechaniker schicken. So mussten die Arbeiten schließlich doch von der Besatzung selbst durchgeführt werden. Das Flugzeug, das das Ersatzteil geladen hatte, wurde zu allem Überfluss von britischen Jagdfliegern abgeschossen, sodass es noch einmal auf den Weg gebracht werden musste.

Insgesamt nahm die Reparatur des Sehrohrs volle fünf Tage in Anspruch. Erst am 11. September konnte U 29 seine sechste Unternehmung von Bergen aus fortsetzen. Ziel der Reise war der Nordkanal. Um die Mittagszeit des 14. September erreichte das Boot den zugewiesenen Operationsraum. Die See war wie leergefegt, weshalb Schuhart zunächst das Gebiet in Richtung Südosten absuchte. Doch so sehr sich die Brückenwächter auch anstrengten, feindliche Schiffe waren nicht zu sehen.

„Ganz klar", witzelte der Matrosengefreite Schneider, „die Tommies machen Betriebsurlaub".

Erst am 19. September kam ein Fischdampfer auf südöstlichem Kurs in Sicht, der unter Wasser ausmanövriert wurde. Nach dem Auftauchen konnte das Boot plötzlich keine Fahrt mehr aufnehmen, der Diesel stotterte und spuckte. Für kurze Zeit brach Hektik an Bord aus, das Maschinenpersonal suchte verzweifelt nach dem Fehler. Nach einer Viertelstunde meldete sich der Leitende Ingenieur beim Kommandanten: „Beide Abgaskompensatoren sind eingerissen, Herr Kaleu".

„Was bedeutet das, Kammüller?", wollte Schuhart wissen.

„Wegen der Risse wird die Abgastemperatur zu hoch", erklärte der LI fachmännisch, „wenn wir eine höhere Fahrtstufe laufen, wird der Motor zu heiß und fliegt uns irgendwann um die Ohren".

„Können wir das mit Bordmitteln reparieren?", bohrte Schuhart weiter.

Kammüller schüttelte resigniert den Kopf:

„Nein, wir müssen abbrechen und den nächsten Stützpunkt anlaufen, Herr Kaleu".

„Wie schnell können wir maximal?", musste man denn diesem Kammüller alles aus der Nase ziehen?

„Höchstens zehn Knoten, Herr Kaleu", antwortete der LI kleinlaut und verschwand wieder im Maschinenraum.

Schuhart bat den B.d.U. wenige Minuten später per Funk um die Erlaubnis zum Abbruch der Unternehmung und gab einen detaillierten Bericht über den Ausmaß des Schadens. Der Rückmarschbefehl ließ aber auf sich warten. Dönitz schickte U 29 zunächst als Wetterboot weiter nach Westen in den Atlantik. Erst am 22. September meldete er sich wieder:

*U 48, U 65, U 29 und U 99. Rückmarsch Lorient antreten. U 48, U 99 Meldung, ob größere Werftinstandsetzung Lorient notwendig. B.d.U.*

Während der Fahrt nach Lorient trat das nächste Malheur bei U 29 auf, diesmal an der Steuerbordmaschine. Sie musste wegen einer Störung in der Schmierölanlage für einige Zeit gestoppt werden. Am nächsten Tag musste der beschädigte Backborddiesel abgeschaltet werden, weil er wegen der schweren See so heiß wurde, dass er stark qualmte und damit den Aufenthalt des Personals im Maschinenraum unmöglich machte, trotz der auf Hochtouren laufenden Lüfter. Kurz darauf fiel wieder der Steuerborddiesel aus, diesmal war der Grund ein Riss in der Abgasleitung. U 29 dümpelte für eine ganze Weile ohne Antrieb auf See.

Schuhart hatte sich grimmig in sein Schapp verzogen, während die Mechaniker versuchten, die Schäden halbwegs zu reparieren. Erst nach Stunden konnte das Boot seinen Marsch nach Lorient fortsetzen, und auch das nur „auf Kniescheiben und dem Zahnfleisch", wie es der LI so schön formulierte.

Am Morgen des 24. September, es war genau 07.35 Uhr, ließ eine Meldung des achteren Backbordausgucks die Männer auf der Brücke zusammenzucken:

„Achteraus Geleitzug, steuert 270 Grad!".

Schuhart ließ ohne zu zögern tauchen und steuerte trotz des maroden Zustands von U 29 dem Geleitzug entgegen. Ein Zerstörer drängte es ab, freilich ohne es bemerkt zu haben. Da der Kommandant um die sehr eingeschränkte Einsatzfähigkeit seines Bootes wusste, beschloss er, nicht anzugreifen, sondern eisern Fühlung zu halten. Über Funk gab er die Position an den B.d.U durch. Den ganzen Tag über gelang es ihm, in der Nähe des Konvois – er hieß OB.217 – zu bleiben, ohne bemerkt zu werden.

Gegen 18.30 Uhr steuerte der Geleitzug 270 Grad, gegen 20.00 Uhr dann 290 Grad. Die Sicherungszerstörer suchten das Meer großräumig ab, weshalb U 29 vorübergehend ablaufen musste. Bei Einbruch der Dämmerung staffelte das Boot wieder näher an den Konvoi heran. Nur mit Mühe konnte es ihm folgen, denn er lief nun fast zehn Knoten. Gegen 22.30 Uhr stand U 29 nur 2.000 Meter vom Geleitzug entfernt, Schuhart hatte sich trotz aller Widrigkeiten zum Angriff entschlossen, als sein Boot vor einem schnell heranzackenden Zerstörer tauchen musste. Als U 29 um 01.30 Uhr, mittlerweile war der 25. September angebrochen, wieder auftauchte, war die Fühlung am Geleitzug verloren gegangen. Aber so schnell gab ein Otto Schuhart nicht auf, er trieb sein Boot hinter dem Geleitzug her, und tatsächlich kam der gegen 06.20 Uhr wieder in Sicht.

Gegen Mittag verlor der Konvoi plötzlich seine Ordnung.

„Was ist denn jetzt los? Da macht ja jeder, was er will, Herr Kaleu", wunderte sich Georg Lassen.

„Komische Sache", gab ihm der Kommandant recht, „aber das ist jetzt unsere Chance. Wir tauchen und greifen an".

Otto Schuhart wollte auf zwei im Abstand von 1.500 Metern fahrende Frachter operieren. Während U 29 noch auf Sehrohrtiefe einpendelte, war plötzlich eine laute Explosion zu hören.

„Das war doch ein Torpedo, Herr Kaleu", wunderte sich Lassen.

„Eindeutig, wahrscheinlich von einem Kameradenboot, das herangeführt worden ist", antwortete Schuhart ruhig, ohne die Augen vom Okular des Periskops zu nehmen, durch das er beobachtete, wie die beiden Schiffe plötzlich wild hin und her zackten.

13.58 Uhr: Der Kommandant hatte nun einen der beiden Frachter, immerhin 10.000 Tonnen groß, im Visier. Der sollte sein erstes Opfer werden. Aus einer Entfernung von nur 600 Metern schoss er zwei Torpedos. In dem Augenblick, als die Torpedos die Rohre verließen, zackte der Dampfer allerdings nach Backbord, sodass sie fehl gingen.

Schuhart sah weiter angestrengt durch das Sehrohr. Noch waren die Mündungsklappen geöffnet, zwei weitere Torpedos lagen bereit zum Schuss. Wenn er das Boot nun schnell beidrehte, könnte er den zweiten Frachter angreifen. Rasch war der Kurs geändert.

„Gleich hab' ich ihn im Visier", raunte er atemlos.

Nur Sekunden vergingen, dem Zentralepersonal, das alles hautnah miterlebte, schienen sie wie Minuten.

„Noch'n Ruck, ja, jetzt liegt er perfekt. Gegnerlage 65 Grad, Entfernung 2.000 Meter", ließ sich der Kommandant wieder hören.

Im Turm schnurrte die Kurbel des Vorhalterechners.

„Steht!", meldete die Seemännische Nr. 1, Bootsmann Otto Tannert, der die Werte eingegeben hatte.

„Lage 75 Grad, Entfernung 1.800 Meter!", waren die nächsten Koordinaten.

„Steht!".

„Rohr II, fertig!".

„Rohr II ist fertig!".

Lage 90 Grad, Entfernung 1.500 Meter!".

„Steht!".

„Rohr II, looos!".

Um genau 14.02 Uhr zischte der Torpedo aus dem Rohr und lief seinem Ziel entgegen. Obwohl das Schiff noch einen Haken schlug, traf der Torpedo Backbord achtern in den Maschinenraum. Schuhart konnte durch das Periskop sehen, wie der stark rauchende Frachter anhielt. Die in seiner Nähe marschierenden Schiffe liefen sofort aus der Gefahrenzone ab.

„Torpedos nachladen", befahl der Kommandant laut, ihn hatte offenbar das Jagdfieber gepackt.

In der Zwischenzeit war das Angriffsperiskop ausgefallen, die Optik war beschlagen. Der Kommandant musste wieder auf das Luftzielsehrohr ausweichen.

„Den angeschossenen Pott machen wir jetzt endgültig kalt, Fangschuss!", so rüde Worte hatten die U-Boot-Männer von ihrem Kommandanten selten gehört.

Um 16.00 Uhr schoss ein Torpedo aus dem Heckrohr auf das schwer angeschlagene Schiff zu, nach 49 Sekunden detonierte er.

„Treffer mittschiffs", kommentierte Schuhart befriedigt.

Obwohl in dem Frachter ein großes Loch zu sehen war, halb über und halb unter der Wasserlinie, sank er nicht, er wurde nur achterlastig und bekam Schlagseite.

„Dampfer heißt ‚Eurymedon'", gab Schuhart in die Zentrale durch.

Dort blätterte Obersteuermann Lemke im Schiffsregister, nach nur wenigen Sekunden hatte er das Schiff gefunden.

„Hat 6.233 Bruttoregistertonnen, gehört der Alfred Holt & Co. Reederei, Liverpool", rief er dem Kommandanten zu.

Nach einem Rundblick durch das Sehrohr ließ Schuhart auftauchen und eilte als Erster auf die Brücke. Am Horizont sah er den zweiten Frachter, der zu entkommen versuchte.

„Den kriegen wir noch, hinterher", raunzte Schuhart heiser.

Sekunden später hatte U 29 in die Richtung der Rauchfahne gedreht. Um die „Eurymedon" kümmerte man sich nicht mehr. So schnell wie sie Schlagseite bekam, war ein baldiges Sinken unausweichlich.

Tatsächlich sank die „Eurymedon" aber erst zwei Tage später auf Position 53° 24' Nord / 18° 37' West. Sie hatte 3.000 Tonnen Stückgut geladen und war auf dem Weg von Liverpool über Kapstadt nach Java. Beim Untergang verloren 20 Besatzungsmitglieder und neun Passagiere ihr Leben. Der Kapitän, 41 Besatzungsmitglieder und 22 Passagiere wurden vom kanadischen Zerstörer „Ottawa" gerettet und nach Greenock im westlichen Schottland gebracht. Trümmer des Schiffes trieben bis Faulmore Point in Irland.

Inzwischen schnürte U 29 mit elf Knoten Geschwindigkeit durch die See. Obwohl der achtere Backbordausguck eine schnell aufkommende Rauchwolke gemeldet hatte, die auf einen Zerstörer hindeutete, behielt Schuhart stur den Kurs in Richtung des fliehenden Frachters bei, dessen Masten nun schon zu sehen waren.

Aber auch aus der achteren Rauchwolke waren inzwischen Masten am Horizont geworden, und tatsächlich gehörten sie zu einem Zerstörer, der mit hoher Fahrt heranpreschte. Hatte er das U-Boot gesehen – er hielt genau auf U 29 zu – oder kam er der „Eurymedon" zu Hilfe? Schuhart wurde es nun jedenfalls mulmig:

„Alarmtauchen, auf 70 Meter gehen, schnell, LI!".

Im Boot waren die Zerstörergeräusche laut und deutlich zu hören. Er hatte seine Fahrtstufe gedrosselt, dann seine Maschinen ganz gestoppt. Wahrscheinlich war er wirklich nur zur „Eurymedon" geeilt, um sie zu eskortieren oder die Besatzung aufzunehmen. Gegen 18.15 Uhr warf der Zerstörer dann seine Maschinen an und lief mit hoher Fahrt ab. Schuhart und seine Männer atmeten tief durch. Dann wurden Torpedos nachgeladen. Bei Einbruch der Dunkelheit tauchte U 29 auf und machte sich an die Verfolgung des Geleits, das freilich inzwischen einen großen Vorsprung gewonnen hatte. Am 26. September 1940 kamen um

11.20 Uhr erneut Rauchwolken in Sicht, die allerdings auf einen anderen Geleitzug hindeuteten, denn sie bewegten sich nach Norden. Die starke Abwehr, hauptsächlich bewaffnete Fischdampfer und Sloops, verhinderte aber ein Näherkommen. Auch von der Geschwindigkeit her konnte das werftreife U 29 nicht mit der Schiffsgruppe mithalten.

Gegen 15.37 Uhr stieß das Boot auf einen gestoppt liegenden Dampfer, er hatte starke Schlagseite. Schuhart wollte ihn mit einem Fangschuss versenken, doch beim Anlauf erschien plötzlich hinter dem Dampfer ein Zerstörer, vor dem U 29 erst auswich und dann tauchte. Als das Boot in der Abenddämmerung wieder an die Wasseroberfläche kam, erschien ein Flugboot am Himmel, vor dem der Kommandant vorsichtshalber wieder tauchte. Erst zwei Stunden später, es war mittlerweile stockdunkel geworden, kam U 29 wieder an die Wasseroberfläche und setzte seine Suche fort.

Am 27. September, um 01.25 Uhr, Otto Schuhart lümmelte gerade ziemlich unsoldatisch am Kartentisch, hallte ein Ruf von der Brücke in die Zentrale:

„Kommandant auf Brücke!".

Schuhart hangelte sich an der Turmleiter empor, zwängte sich gerade durch das Turmluk, als er von dem gleißend hellen Lichtstrahl eines Scheinwerfers geblendet wurde. Da er absolut nicht wusste, was sich da gerade abspielte, ließ er sich sofort die Turmleiter wieder hinuntergleiten und brüllte gleichzeitig:

„Alarmtauchen, 30 Meter!".

„Was war denn da oben los, Forster?", schnauzte Schuhart seinen II. Wachoffizier ungehalten an, als auch die Männer der Brückenwache unten im Boot angelangt waren.

„Sicherungsfahrzeug mit spitzer Lage auf unserem Kurs", stieß Ludwig Forster schwer atmend hervor.

Da meldete auch schon der Horcher:

„In null Grad Schraubengeräusche an Backbord, in größerer Entfernung".

Über eine Dreiviertelstunde zog der Zerstörer in der Nähe seine Bahnen, dann wanderten seine Geräusche allmählich nach Backbord aus, waren bald nicht mehr zu hören. Eine halbe Stunde später ließ Schuhart wieder auftauchen. Es war stürmisch geworden. Wegen der hohen Dünung und des starken Seegangs drosselte der Kommandant die Geschwindigkeit.

Um fünf Minuten vor sechs Uhr morgens meldete das Maschinenpersonal, dass der Steuerborddiesel ausgefallen sei, wieder einmal. Der Leitende Ingenieur eilte durch die Schotts nach hinten und besah sich den Schaden. Er konnte keine guten Nachrichten überbringen. Das Auslassventil eines Zylinders war gebrochen.

„Wir brauchen mindestens drei Stunden, bis der Diesel wieder läuft, Herr Kaleu", berichtete der LI, „am besten gehen wir solange unter Wasser".

Schuhart willigte ein und ließ tauchen. Als das Boot die 50-Metermarke erreichte, gab es plötzlich einen Wassereinbruch im Dieselraum. Der LI tat das einzig richtige, ließ anblasen und wieder auftauchen. Der Grund für den Wassereinbruch war schnell gefunden. Ein Leck in einem Außenbordverschluss hatte den Schaden verursacht. U 29 blieb während der Reparatur fünfzehn Minuten lang tauchunklar an der Wasseroberfläche. Die Instandsetzung des Steuerborddiesels stand natürlich immer noch an.

„Der Schlitten ist jetzt endgültig werftreif", resümierte Schuhart um 08.00 Uhr, „wir brechen ab und laufen so schnell wie möglich Lorient an".

Die Tage des Rückmarsches verliefen völlig ereignislos, und schon am 1. Oktober 1940 wurde das Boot um die Mittagszeit von zwei Minensuchern aufgenommen, später stießen noch zwei U-Jäger dazu, in deren Geleit es nach Lorient ging, wo U 29 um 18.00 Uhr festmachte.

Die sechste Feindfahrt des Bootes hatte unter keinem guten Stern gestanden, und die Männer waren heilfroh, dass sie ihr Kommandant wohlbehalten nach Hause gebracht hatte. Angesichts der vielen Schäden auf U 29 war der kritische Kommentar des B.d.U. über diese Reise für viele mehr als unverständlich und durchaus ärgerlich:

*Der Zustand der Maschinen hat den Erfolg der Unternehmung sehr stark beeinflusst. Trotzdem hätte der Kommandant am 27.9.1940 weiter versuchen müssen, an dem Geleitzug Fühlung zu bekommen. In Anbetracht der Wichtigkeit des Heranführens der östlich stehenden U-Boote an den von U 29 gesichteten Konvoi hätten alle Maschinenschäden zurückstehen müssen.*

*Kapitänleutnant Otto Schuhart. Ritterkreuz am 16. Mai 1940,*
*als Kommandant von U 29.*

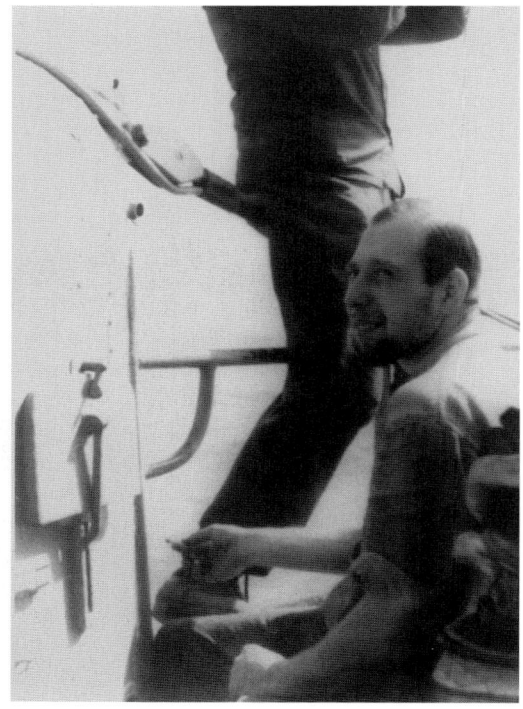

*Eine Seeschwalbe als Gast an Bord von U 29.*
*Der auf der Brücke stehende II WO Ludwig Forster*
*hat ihr Trinkwasser in einem Teller serviert.*

*Der Smut von U 29 –*
*Matrosenobergefreiter Nuglisch.*

*Der neue Leitende Ingenieur von U 29 Oberleutnant (Ing.) Ernst Kammüller.*
*Im Hintergrund ist ein weiteres deutsches U-Boot zu sehen.*

*U 29 kurz vor dem Auslaufen zur fünften Feindfahrt. Auf der Brücke, Zweiter von rechts: Der Kommandant Kapitänleutnant Otto Schuhart.*

*Gute Laune auf der Brücke von U 29. V.l.n.r.: Otto Schuhart, Richard Dollinger, Hans Patzek und Robert Lemke.*

*Kapitänleutnant (Ing.) Hermann Laufs*
*stieg nach der vierten Feindfahrt aus,*
*um Leitender Ingenieur auf U 105 zu werden.*

*Oberleutnant (Ing.) Ernst Kammüller,*
*der neue Leitende Ingenieur auf U 29.*

*U 29 auf Schiffsjagd*
*im Nordatlantik.*

*Am 22. Juni 1940 hielt U 29 den französischen Segelfischkutter „Michel Potez" an.*
*Als sich herausstellte, dass der Segler aus dem Mittelmeer kommend auf dem Weg nach Brest war,*
*welches bereits von deutschen Truppen besetzt war, ließ Otto Schuhart den Kutter passieren.*

*Am 26. Juni 1940 lief U 29 der griechische Dampfer „Dimitris" mit 5.254 BRT über den Weg.*
*Otto Schuhart ließ ihn mit einem Schuss aus der 8,8-cm-Kanone anhalten.*

*Nachdem die Besatzung der „Dimitris" in die Rettungsboote gegangen war, wurde der Dampfer durch Artilleriefeuer versenkt. Auf dem Foto erhält die „Dimitris" die ersten Granattreffer.*

*Auf dem getroffenen Frachter bricht ein Brand aus.*
*Dunkle Rauchwolken steigen auf.*

*Die „Dimitris" bekommt starke Schlagseite
nach Backbord.*

*Kurz darauf sinkt
die „Dimitris".*

*Das nächste Schiff, das der 8,8-cm-Kanone von U 29 zum Opfer fiel,*
*war der griechiche Dampfer „Adamastos" mit 5.889 BRT.*

*Auch der panamesische Dampfer „Santa Margarita" mit 4.919 BRT*
*wurde durch Artilleriefeuer von U 29 versenkt.*

*Das letzte Opfer von U 29 während der fünften Feindfahrt*
*war der britische Motortanker „Athellaird" mit 8.999 BRT.*

*Auf der Brücke von U 29.*
*Zweiter von links: Rudi Zimmermann.*

*Auf der Brücke von U 29. Dritter von links: Rudi Zimmermann. Vierter von links:*
*II WO Ludwig Forster. Erster von rechts: Obergefreiter Pruschka.*

*Auf der Brücke von U 29. V.l.n.r.: Matrosenobergefreiter Bartels, LI Oberleutnant (Ing.) Ernst Kammüller,*
*Obersteuermann Robert Lemke und Matrosenobergefreiter Krumbacher.*

*Reparatur- und Umbauarbeiten werden an Bord von
U 29 durchgeführt.*

*Der britische Dampfer „Eurymedon" wurde am 25. September 1940 von U 29 versenkt.
Der Frachter hatte 6.223 BRT.*

U 29 auf dem Rückmarsch
durch die Biscaya.

1. Oktober 1940: Flaggensignale werden mit zwei Minen-
suchbooten ausgetauscht, die U 29 nach Lorient geleiten.

U 29 hat in Lorient festgemacht. Am Sehrohrmast
flattern die Erfolgswimpel des Bootes.

*U 29 läuft am 26. Oktober 1940 zur siebten und letzten Feindfahrt des Bootes aus.*
*Das Foto zeigt den Abschied aus Lorient.*

*U 29 wird mit Marschmusik*
*verabschiedet.*

*U 29 macht von Feindfahrt kommend*
*in Wilhelmshaven fest.*

*Kapitänleutnant Otto Schuhart nach dem Ende der letzten Feindfahrt.*
*Sein Gesicht ist von den Strapazen der Reise gezeichnet.*

*Konteradmiral Karl Dönitz (B.d.U.) begrüßt den Kommandanten von U 29, Kapitänleutnant Otto Schuhart.*

*Der Ritterkreuzträger Otto Schuhart versenkte als Kommandant von U 29 einschließlich des britischen Flugzeugträgers „Courageous" insgesamt 13 Schiffe mit 88.200 BRT.*

*Otto Schuhart als Lehrer und Leiter der Offiziersausbildung bei der 1. U-Boot-Lehrdivision (U.L.D.) in Pillau im Jahre 1942.*

*Otto Schuhart Anfang der sechziger Jahre bei der Bundesmarine.*

*Kapitänleutnant (Ing.) Hermann Laufs. Für seine besonderen Leistungen als Leitender Ingenieur von U 29 und U 105 wurde er am 9. Dezember 1941 mit dem Deutschen Kreuz in Gold ausgezeichnet.*

# U 29 als Wetterboot im Nordatlantik

U 29 lag vom 2. bis zum 25. Oktober 1940 in der Werft von Lorient. Vor allem die Diesel-motoren hatten eine Überholung dringend nötig. Nach Abschluss der Arbeiten und der Waffen- und Proviantübernahme war das Boot am Vormittag des 26. Oktober 1940 wieder ein-satzbereit. Schuhart und der Flottillenchef der 2. U-Flottille, Korvettenkapitän Heinz Fischer, einigten sich schnell auf einen Auslauftermin. Noch am gleichen Tag sollte es um 13.00 Uhr wieder losgehen.

In der Nacht zuvor hatten die Luftschutzsirenen im Stützpunkt Lorient pausenlos geheult. Die Royal Air Force hatte die Fahrrinnen in den Hafen vermint. U 29 wurde dann auch beim Auslaufen von zwei Sperrbrechern und zwei U-Jägern begleitet. Dennoch hatten die meisten Männer ein mulmiges Gefühl.

Bereits am nächsten Tag, das Boot hatte schon die Biskaya erreicht, meldete das Maschi-nenpersonal, dass die neu eingebaute Turbine des Backborddiesels unregelmäßig arbeite und alles auf einen baldigen Ausfall hindeute. Dennoch ließ Schuhart vorerst weitermarschieren. Am 28. Oktober 1940 ging um die Mittagszeit ein Funkspruch des B.d.U. ein:

*Zum Schutz von „Schiff 21" heranschließen. Standort BE 6532, Kurs 90 Grad, fünf Seemeilen. Durch Kurzsignal voraussichtliches Eintreffen melden. B.d.U.*

„Schiff 21" war der deutsche Hilfskreuzer „Widder". Ihn galt es, aufzunehmen und nach Brest zu begleiten. Schuhart ließ sofort auf Gegenkurs gehen. Höchstfahrt war allerdings nicht mehr möglich. Wie vorausgesagt war die Turbine des Backborddiesels ausgefallen. Da die Backbordmaschine durch den Defekt stark qualmte und die Lüfter wegen des überkom-menden Wassers immer wieder abgestellt werden mussten, war der Aufenthalt des Maschinen-personals im Dieselraum kaum noch zu verantworten. Wenige Stunden später hatte sich das Problem dann quasi von selbst gelöst. Die Backbordmaschine war durch überkommende Seen endgültig abgesoffen.

Schuhart informierte den B.d.U. über den erneuten Schaden und dass er „Schiff 21" in absehbarer Zeit nicht erreichen könne. Trotzdem befahl Dönitz, weiter auf den Hilfskreuzer „Widder" zu operieren. Mit nur drei Knoten Fahrt schlich U 29 dem Hilfskreuzer entgegen.

Am 29. Oktober 1940, um 22.40 Uhr erreichte das Boot Quadrat BE 6532 und „Schiff 21". Die Männer des Hilfskreuzers waren komplett an Deck erschienen und winkten freudig erregt zu U 29 hinüber. Bis Dämmerungsbeginn kreiste Schuhart in einem Radius von 2.000 Metern um die „Widder". Am 31. Oktober wurden Hilfskreuzer und U-Boot von einem Geleit, bestehend aus drei bewaffneten Fischdampfern, aufgenommen und nach Brest geführt. U 29 machte um 13.45 Uhr im Arsenal Brest fest.

Am nächsten Tag wurden Brennstoff und Proviant ergänzt, vor allem war aber Werft-personal aus Lorient eingetroffen, um die defekte Backbordturbine zu begutachten und zu reparieren. Werft- und Maschinenpersonal taten, was sie konnten, gleichwohl war der Schaden nicht zu beheben. Dennoch wurde U 29 schon am 2. November 1940, um 16.00 Uhr wieder auf See geschickt. Ohne Geleit – die 40. Minensuchflottille kam nicht gegen den Wind und den hohen Wellengang an – marschierte das Boot in den Atlantik. Am 6. November, U 29 stand westlich von Irland, befahl der B.d.U. Schuhart, U 124 unter dem Kommando von Kapitänleutnant Wilhelm Schulz als Wetterboot abzulösen. Er sollte das Planquadrat AL 60 ansteuern und dreimal täglich einen Wetterbericht senden. Am 8. November erreichte U 29 die befohlene Position und setzte um 03.00 Uhr morgens die erste Wettermeldung ab.

Nur zwei Tage später rissen die hohen Wellen die Verkleidungsklappe des Torpedorohrs II von U 29 zur Hälfte ab. Nur vorne hing ein Teil noch lose in seiner Halterung und klapperte laut. Damit war Rohr II nicht mehr verwendbar.

Die nächsten Tage stand das Boot im zugewiesenen Operationsraum auf und ab. Die Besatzung war vom eintönigen Tagesablauf aufs höchste genervt. Die Freiwächter dösten und gammelten vor sich hin. Nur die Abgabe des Wetterberichts dreimal täglich oder Reparaturen an der Maschinenanlage durchbrachen die Monotonie.

Erst am 18. November kam wieder Bewegung in die U-Boot-Männer. U 137 unter Kapitänleutnant Herbert Wohlfarth hatte einen Geleitzug entdeckt, auf den der B.d.U. alle in der Nähe stehenden Boote ansetzte. Auch Schuhart sollte schleunigst auf den Geleitzug operieren.

Am Morgen des 20. November sichtete die Brückenwache von U 29 ein allein fahrendes Schiff in einer Entfernung von 7.000 Metern. Der Frachter kam direkt aus einem Regenschauer heraus. Schuhart wollte angreifen, musste diese Absicht aber bald aufgeben. Das Gegnerschiff war einfach zu schnell, dazu kam, dass das schlechte Wetter jeglichen Waffeneinsatz unmöglich machte.

Zu allem Überfluss fiel wenig später wieder der Kreiselkompass aus. Ein Kugellager musste ausgewechselt werden. Zwölf Stunden dauerte die Reparatur. Dennoch versuchte Otto Schuhart alles, um mit seinem abermals werftreifen Boot an den Geleitzug heranzukommen.

Am 24. November briste es zwischen 08.00 Uhr und 10.00 Uhr stark auf. Regenschauer und orkanartige Böen ließen hohe, kurze Seen entstehen. Tapfer ging das Boot mit zehn Knoten Fahrt gegen die Wellen an, wurde dabei öfters vom Wasser überlaufen. Einmal soffen beide Diesel und die Lüfter ab, und auch die Brückenwächter, obwohl sie sich mit schweren Gurten in der Brückenwanne angeschnallt hatten, waren äußerst gefährdet. Schuhart musste die Fahrt reduzieren. So war jedenfalls nicht an den Konvoi heranzukommen.

Als der Leitende Ingenieur mit sorgenvollem Gesicht zum Kommandanten kam und auf den zur Neige gehenden Brennstoff hinwies, beschloss der reichlich deprimierte Otto Schuhart, am 25. November, um 17.00 Uhr die letzte Wettermeldung abzusetzen und anschließend den Rückmarsch anzutreten.

U 29 fuhr nördlich der Färöer, in der Hoffnung, hier bei Island vielleicht doch noch einmal auf britische Schiffe zu stoßen. Aber die See war wie leergefegt, nur einmal musste das Boot vor einem Aufklärungsflugzeug tauchen. Bereits am Morgen des 30. November war die norwegische Küste erreicht. Ab 10.30 Uhr ging es im Unterwassermarsch durch den Korsfjord. Um 13.00 Uhr tauchte U 29 auf und marschierte von einem Geleit gesichert nach Bergen, wo um 15.05 Uhr längsseits der „Unitas" festgemacht wurde.

Nachdem es in den letzten Tagen immer wieder Probleme beim Ausblasen von Tauchtank 3 gegeben hatte, wurde zunächst dieser Schaden überprüft. Schnell stellte sich heraus, dass bei einem der vielen Alarmtauchmanöver der Kabelkasten für die vordere Signalboje unter dem Oberdeck abgerissen war und die Ausblaseleitung zum Tank 3 beschädigt hatte. Der Defekt war leider so gravierend, dass er in Bergen nur provisorisch behoben werden konnte. Am 1. Dezember, um 19.40 Uhr legte U 29 wieder in Bergen ab – Ziel war endlich Deutschland: Wilhelmshaven. Zunächst ging es im Geleit bis Björnstangen, dann über Wasser durch den Korsfjord, vorbei an der Signalstelle von Marsteinen. Der Rückmarsch verlief völlig ereignislos, und schon am 3. Dezember 1940, um 23.47 Uhr war der U-Stützpunkt Wilhelmshaven erreicht.

Der B.d.U. war mit der siebten und letzten Feindfahrt von U 29 zufrieden:

*Durch schlechtes Wetter und Defekt der Maschinenanlage wurde die Unternehmung des bewährten Kommandanten stark beeinträchtigt. Dennoch ist die Begleitung von „Schiff 21" unter sehr schwierigen Verhältnissen gut durchgeführt worden. B.d.U.*

# Das weitere Schicksal von U 29

Vom 4. bis 7. Dezember 1940 lag U 29 im U-Stützpunkt Wilhelmshaven, wo die Werftliegezeit vorbereitet wurde. Am 8. Dezember ging es im Geleit von „Sperrbrecher 10" nach Brunsbüttel und durch den Kaiser-Wilhelm-Kanal nach Kiel, wo das Boot am 9. Dezember um 02.10 Uhr an der Blücherbrücke festmachte. Am Vormittag des gleichen Tages verlegte es zur Torpedoabgabe nach Kiel-Wik.

Am 10. Dezember führte das Boot im Auftrag der Torpedo-Versuchsanstalt (T.V.A.) Versuchs-Kolbenschüsse in der Heikendorfer Bucht durch. Am Morgen des folgenden Tages verließ es Kiel-Wik und marschierte im Geleit nach Osten. Am 12. Dezember, um 18.30 Uhr erreichte es Pillau, wo das Boot in die 1. U-Boot-Lehrdivision (U.L.D.) eingereiht wurde.

Schon am nächsten Tag ging es von Pillau weiter nach Königsberg zur Schichau-Werft. Hier begann am 14. Dezember 1940 die Werftliegezeit, die bis zum 2. Januar 1941 dauerte. Für das Boot war an diesem Tag der aktive Kriegsdienst beendet. Die Ingenieure hatten festgestellt, dass es seine Seetüchtigkeit als Kampfboot während der letzten Feindfahrten endgültig eingebüßt hatte.

Vom 3. Januar bis 30. Juni 1941 unterstand U 29 der 24. U-Flottille in Memel, die für die Kommandantenausbildung zuständig war. Am 3. Januar 1941 hatte Kapitänleutnant Otto Schuhart das Boot an seinen I. Wachoffizier, Oberleutnant zur See Georg Lassen, übergeben, der es bis zum 14. September 1941 führte. Anschließend übernahm Oberleutnant zur See Heinrich Hasenschar das Kommando, und zwar bis zum 5. Mai 1942. Heinrich Hasenschar wurde am 25. Juni 1942 Kommandant von U 628 und fiel beim Untergang des Bootes am 3. Juli 1943 im Nordatlantik, nordwestlich von Cap Ortegal.

Vom 6. Mai bis 30. Juni 1942 führte Oberleutnant zur See Karl-Heinz Marbach U 29. Dann wurde er Kommandant des Ausbildungsbootes U 28 und stellte schließlich am 17. Dezember 1942 U 953 in Dienst, das er bis August 1944 führte. Er wurde am 22. Juli 1944 mit dem Ritterkreuz des Eisernen Kreuzes ausgezeichnet. Am Ende des Krieges bekam Karl-Heinz Marbach noch das Kommando eines Typ XXI-Elektro-Bootes, nämlich von U 3014. Seit 1963 war Marbach als Reserveoffizier bei der Bundeswehr. Er starb am 27. September 1995 in Bonn.

U 29 wurde vom 1. Juli 1942 bis 31. Oktober 1942 außer Dienst gestellt, hatte während dieser Zeit also vorübergehend weder Kommandant noch Besatzung. Vom 1. November 1942 bis 31. August 1943 gehörte das Boot wieder als Ausbildungsfahrzeug zur 24. U-Boot-Flottille in Memel. Bis 30. November 1943 war es als Ausbildungsboot bei der 23. U-Flottille in Danzig stationiert, und schließlich wurde es vom 1. Dezember 1943 bis zum 17. April 1944 der 21. U-Flottille in Pillau als Schulboot zur Verfügung gestellt.

Am 15. November 1942 hatte Oberleutnant zur See Rudolf Zorn U 29 übernommen und es bis zum 20. August 1943 geführt. Zorn wurde später Kommandant von U 416, U 382 und U 650. Mit Letzterem ist er seit Dezember 1944 in den Gewässern um England vermisst. Anschließend wurde Oberleutnant zur See Eduard Aust Kommandant, und zwar bis 2. November 1943. Er führte später U 922 und U 679, mit dem er seit dem 9. Januar 1945 in der Ostsee vor Baltischport vermisst ist.

Der letzte Kommandant von U 29 war Oberleutnant zur See Ulrich-Philipp Graf von und zu

Arco-Zinneberg, und zwar vom 3. November 1943 bis 17. April 1944. An diesem Tag stellte er U 29 außer Dienst und übernahm „U A" als Kommandant.

U 29 wurde nun der 2. U-Boot-Lehr-Division (U.L.D.) in Gotenhafen als Lehrboot zugeteilt. Ab 5. August 1944 umgebaut, sollte es im November 1944 als Schießstandboot dem Höheren Kommandeur der Torpedoschulen (H.K.T.) unterstellt werden. Dazu sollte es aber nicht mehr kommen.

Anfang Mai 1945 lag U 29 zusammen mit weiteren 27 U-Booten in der Flensburger Förde. Nach Bekanntgabe der Kapitulation im norddeutschen Raum wurden die Boote am 4. Mai 1945, gemäß dem zuvor ausgegebenen Befehl „Regenbogen", selbst versenkt – entgegen den Kapitulationsbedingungen, die eine Zerstörung oder Beschädigung von Schiffen verboten.

U 29 wurde 1948 gehoben und verschrottet.

# Kommandant und Offiziere von U 29 vom 19. August 1939 bis zum 3. Dezember 1940

## Otto Schuhart

Wer war dieser Otto Schuhart, der gleich auf seiner ersten Unternehmung als Kommandant von U 29 solch großartige Erfolge erkämpfen konnte?

Kapitänleutnant Otto Schuhart war ein mittelgroßer, hagerer Mann mit heller Gesichtsfarbe und tiefblauen Augen. Er sah blendend aus, war meist gut gelaunt und trug häufig ein unwiderstehliches Lächeln im Gesicht. Es gab allerdings auch Phasen, in denen er in sich versunken war, grübelte – die Verantwortung als U-Boot-Kommandant lastete schwer auf seinen Schultern. Aber auch dann zeichnete er sich in jeder Situation durch Entschlussfreudigkeit und Scharfsinnigkeit aus. Seine Bescheidenheit, Ruhe und Souveränität machten ihn vor allem bei seiner Besatzung beliebt. Er war ohne Zweifel ein deutscher Vorzeigeoffizier, voller Ethos, Idealismus und Mut, dabei integer und für seine Besatzung bis zur Selbstaufgabe da.

Geboren wurde Otto Schuhart am 1. April 1909 in Hamburg. Nach dem Abitur trat er am 1. April 1929 als Seeoffiziersanwärter der damaligen Reichsmarine bei. Nach seiner Infanterieausbildung bei der II. Abteilung der Schiffsstammdivision der Ostsee in Stralsund, Lehrgängen auf dem Segelschulschiff „Niobe" und an der Marineschule Flensburg-Mürwik absolvierte er auf dem Leichten Kreuzer „Emden" seine praktische Bordausbildung und eine anschließende Auslandsreise. Ab Januar 1931 folgten verschiedene Fähnrichslehrgänge, und im Oktober 1932 wurde er dann als Divisionsleutnant auf das Linienschiff „Schleswig-Holstein" kommandiert. Ab Oktober 1934 – er war zuvor am 1. Oktober 1933 zum Leutnant zur See befördert worden – diente Otto Schuhart bei der III. Marine-Artillerie-Abteilung in Swinemünde, zuerst als Zugoffizier, dann als Adjutant. Am 1. Juni 1935 wurde er zum Oberleutnant zur See ernannt. Von Oktober 1936 bis Oktober 1937 wurde er als Flaggleutnant zur U-Flottille „Weddigen" nach Kiel versetzt. Anschließend absolvierte Schuhart einen Torpedo-Lehrgang an der Torpedoschule Flensburg-Mürwik und kam schließlich als Kompanieoffizier in die Stammkompanie der U-Flottillen „Emsmann" und „Hundius". Im Januar 1938 begann seine U-Boot-Karriere mit einem Lehrgang an der U-Schule.

Vom 24. April bis 11. Juli 1938 war Otto Schuhart als Führer eines Marinekommandos an Bord des Dampfers „Altair", auf dem er eine Golfstromexpedition unternahm. Am 1. August 1938 wurde er zum Kapitänleutnant befördert und als Wachoffizier auf U 25 bei der U-Flottille „Saltzwedel" kommandiert. Am 2. September desselben Jahres bekam er sein erstes Kommando, nämlich auf U 8, das zur U-Boot-Schulflottille gehörte. Für kurze Zeit, vom 1. November bis 9. Dezember 1938, war er der U-Flottille „Saltzwedel" zur Verfügung gestellt, dann, am 10. Dezember 1938, übernahm er als Kommandant U 25. Ab 4. April 1939 führte er U 29, das ebenfalls zur U-Flottille „Saltzwedel" gehörte.

Nachdem Otto Schuhart Anfang Januar 1941 U 29 an seinen I. Wachoffizier Georg Lassen abgegeben hatte, wechselte er als Lehrer und Leiter der Offiziersausbildung nach Pillau zur 1. U-Boot-Lehr-Division (U.L.D.). Am 22. Juni 1943 wurde er Kommandeur der I. Abteilung der 1. U.L.D. und führte zugleich als Flottillenchef die 21. U-Flottille in Pillau, die ebenfalls der 1. U.L.D. unterstand. Die Doppelbelastung endete im Januar 1944. Von da an bis 20. September 1944 war er nur noch Chef der 21. U-Flottille. Otto Schuhart wohnte zum Teil während seiner Pillauer Zeit auf dem Wohnschiff „Pretoria", wo auch die anderen Offiziere, Portepeeunteroffiziere und Maate der 1. U.L.D. ihre Unterkunft hatten. Die Mannschaften und U-Schüler waren hauptsächlich auf der „Robert Ley" untergebracht.

Seit 1. April 1943 Korvettenkapitän, wurde Schuhart am 21. September 1944 an die Marineschule Flensburg-Mürwik kommandiert, wo er bis Kriegsende die I. Abteilung leitete. Kurz vor Kriegsende wurde er Kommandeur des Marine-Schützenbataillons „Schuhart".

Noch in Pillau heiratete Otto Schuhart Irmgard Wellner, die Witwe seines Crewkameraden Horst Wellner, Kommandant von U 16, der am 25. Oktober 1939 vor Dover bei der Versenkung seines Bootes durch die britischen U-Jäger „Puffin" und „Cayton Wyke" den Tod fand. Horst Wellner und fünf seiner Besatzungsmitglieder wurden an der französischen Küste angetrieben und am 29. Oktober 1939 auf dem Friedhof von Dünkirchen beigesetzt. Otto und Irmgard Schuhart führten eine harmonische Ehe, aus der zwei Kinder hervorgingen.

Im Juli 1945 wurde Otto Schuhart Dezernent der Deutschen Minenräumdienstleistung, am 14. Dezember 1945 wurde er ins Zivilleben entlassen.

Von Januar bis Juli 1946 arbeitete er zunächst als Fabrikarbeiter in Satrup, Kreis Schleswig, anschließend bis Juli 1947 als Volontär bei der Gothaer Feuerversicherung in Hamburg. Von August 1947 bis September 1948 war er Angestellter einer Transportfirma in Hamburg, dann bei der Jugendfürsorge des Evangelischen Hilfswerkes ebendort tätig. Von April 1951 bis 30. November 1955 leitete er die Lehrlingsausbildung der Schiffswerft H.C. Stülcken & Sohn in Hamburg. Am 3. Dezember 1955 trat er der neu gegründeten Bundeswehr bei, der er bis zum 30. September 1967 – an diesem Tag wurde er als Kapitän zur See in den wohlverdienten Ruhestand entlassen – angehörte.

Otto Schuhart verstarb am 10. März 1990 in der Seniorenresidenz Augustinum in Stuttgart, in die er erst wenige Wochen zuvor umgezogen war. Er wurde 80 Jahre alt.

Bei seiner Beerdigung am Freitag, dem 16. März 1990 in Stuttgart konnten ihm noch vier Kameraden der ehemaligen Besatzung von U 29, unter ihnen auch sein ehemaliger I. Wachoffizier Georg Lassen, die letzte Ehre erweisen. Sie legten einen Lorbeerblattkranz mit blauer Schleife und der Aufschrift „Die U 29er" nieder. Die Worte des Pastors gingen zu Herzen und die Bundesmarine gedachte seiner mit der Verlesung seines militärischen Werdeganges.

Als Letzter ergriff Georg Lassen das Wort:

*Der I WO meldet dem Kommandanten, Besatzung von U 29 angetreten zur letzten Musterung. Wir nehmen Abschied von dem Mann, der uns auf sieben Feindfahrten sicher geführt hat; voller Verantwortung für seinen Auftrag und für die Männer, die ihm anvertraut waren. Noch heute bezeugen ehemalige Gegner zur See seine Ritterlichkeit. Er trug das Ritterkreuz zu Recht – ein Beispiel für uns alle. Wir U 29er, einst auf Gedeih und Verderb mit Otto Schuhart und seinem Boot verbunden, danken ihm für seine Treue. Boot und Besatzung waren ein Teil seines Lebens. Er wird für immer ein Teil von uns sein. Otto Schuhart, wir verneigen uns in Dankbarkeit und Ehrfurcht.*

Nach Kranzniederlegungen von Marineverbänden, Vereinen und Freunden beendete das Lied vom „Guten Kameraden" die Trauerfeier. Otto Schuhart, gefeierter Kommandant von U 29, Träger des Ritterkreuzes zum Eisernen Kreuz, war nicht mehr. Er hatte elf Kriegs- und Handelsschiffe versenkt, zwei weitere fielen den von ihm gelegten Minen zum Opfer. Nur seine Berufung zum Ausbilder verhinderte weitere Erfolge.

## Georg Lassen

Der I. Wachoffizier Georg Lassen wurde am 12. Mai 1915 in Berlin-Steglitz geboren. Er war Angehöriger der Marinecrew 35 und übernahm U 29 am 3. Januar 1941 als Kommandant. Lassen führte das Boot bis zum 14. September 1941. Dann wurde er zur 1. Kompanie der 6. Kriegsschiffbau-Lehr-Abteilung (K.L.A.) in Bremen versetzt, wo er die Baubelehrung für sein neues Boot, U 160, absolvierte, das er am 16. Oktober 1941 in Dienst stellte und bis zum 14. Juni 1943 auf vier Feindfahrten erfolgreich führen sollte. Bei diesen Unternehmungen gelang es Georg Lassen, 26 Handelsschiffe mit 156.079 Bruttoregistertonnen zu versenken und weitere fünf Schiffe mit 34.419 Bruttoregistertonnen schwer zu beschädigen. Für seine Erfolge bekam Georg Lassen am 10. August 1942 das Ritterkreuz und am 7. März 1943 als 208. Soldat der deutschen Wehrmacht das Eichenlaub zum Ritterkreuz des Eisernen Kreuzes. Georg Lassen verstarb am 18. Januar 2012 in Santa Ponsa auf Mallorca.

## Ludwig Forster

Der II. Wachoffizier Ludwig Forster wurde am 9. Oktober 1915 in Lauingen, Kreis Dillingen geboren und gehörte der Marinecrew 36 an. Er wurde bereits im Dezember 1940 von U 29 abkommandiert und als I. Wachoffizier auf U 62 versetzt. Vom 20. Mai bis September 1941 war er Kommandant mit der Wahrnehmung der Geschäfte beauftragt (m.W.d.G.b.) von U 62. Anschließend absolvierte er einen Kommandanten-Schießlehrgang bei der 26. U-Flottille in Pillau. Ab 25. November 1941 führte Ludwig Forster U 654 auf vier Feindfahrten. Während seiner letzten Unternehmung wurde das Boot am 22. August 1942 nördlich von Colon vor der Panama-Kanal-Zone durch eine „Douglas B-18" der US-Army Squadron 45 an der Wasseroberfläche überrascht und versenkt. Ludwig Forster und die gesamte Besatzung fanden dabei den Tod.

## Hermann Laufs

Der Leitende Ingenieur Hermann Laufs wurde am 12. Mai 1910 in Viersen geboren und gehörte der Marinecrew 32 an. Nachdem er auf U 29 abgemustert hatte, kam er im Mai 1940 nach Bremen zur Baubelehrung für U 105, das er am 10. September 1940 als Leitender Ingenieur mit in Dienst stellte. Nach zwei Feindfahrten mit diesem Boot unter dem Kommando von Kapitänleutnant Georg Schewe wurde Laufs am 28. Juni 1941 als Ausbilder zur 1. U-Boot-Lehr-Division (U.L.D.) nach Pillau/Ostpreußen versetzt. Ab dem 13. Oktober 1941 war er Ausbilder bei der Ausbildungsgruppe Front (Agru-Front) in Hela. Am 9. Dezember 1941 wurde er für seine Unternehmungen auf U 29 und U 105 mit dem Deutschen Kreuz in Gold ausgezeichnet. Vom 23. August bis 17. Dezember 1943 bekam Hermann Laufs ein Zwischenkommando als Flottilleningenieur bei der 10. U-Flottille in Lorient, danach arbeitete er wieder als Ausbilder bei der Agru-Front.

Am 29. April 1945 wurde er Verbandsingenieur beim Führer der U-Boot-Ausbildungs-Flottillen und vom 7. Mai bis 31. August 1945 war er Ingenieur beim Marinebereichs-Kommandanten in Flensburg. Danach erfolgte seine Entlassung aus der Kriegsmarine. Nach dem Krieg arbeitete Hermann Laufs zunächst als Bau- und Oberbaurat. Von 1953 bis 1959 hatte er eine Dozentur an der Staatlichen Ingenieursschule für Maschinenwesen in Essen inne, von 1959 bis 1975 war er als Baudirektor und Abteilungsleiter, später als Professor an der Fachhochschule Niederrhein in Krefeld im Fachbereich Maschinenbau und Verfahrenstechnik tätig. Im Juli 1975 ging er in den wohlverdienten Ruhestand. Hermann Laufs verstarb am 9. Februar 1993 in Viersen.

## Ernst Kammüller

Ernst Kammüller wurde am 10. Januar 1914 in Kandern/Baden geboren und gehörte der Marinecrew 34 an. Im Januar 1941 wurde er als Leitender Ingenieur von U 29 abgelöst und nach Bremen zur Deschimag Werft geschickt, zur Baubelehrung für U 127. Am 24. April 1941 stellte er dieses Boot als Leitender Ingenieur mit in Dienst. Auf seiner ersten Feindfahrt wurde U 127 unter dem Kommando von Kapitänleutnant Bruno Hansmann am 15. Dezember 1941 westlich von Gibraltar durch den australischen Zerstörer „Nestor" mittels Wasserbomben versenkt. Beim Untergang des Bootes fand die die gesamte Besatzung den Tod, unter ihnen auch Ernst Kammüller.

# Anlage 1: Lebenslauf und militärischer Werdegang von Otto Schuhart

## Lebensdaten:
Geboren am 1. April 1909 in Hamburg
Verstorben am 10. März 1990 in Stuttgart, beigesetzt am 16.03.1990 auf dem Pragfriedhof in Stuttgart

## Militärischer Werdegang:

| | |
|---|---|
| 01.04.1929 | Eintritt in die Reichsmarine als Seeoffiziersanwärter |
| 01.04.1929–30.06.1929 | infanteristische Grundausbildung bei der II. Abteilung der Schiffsstammdivision der Ostsee in Stralsund |
| 01.07.1929–11.10.1929 | praktische Bordausbildung auf dem Segelschulschiff „Niobe". |
| 12.10.1929–05.01.1930 | Lehrgang an der Marineschule Flensburg-Mürwik |
| 06.01.1930–21.05.1930 | Bordausbildung auf dem Leichten Kreuzer „Emden" |
| 22.05.1930–04.01.1931 | Bordausbildung auf dem Leichten Kreuzer „Karlsruhe" |
| 05.01.1931–02.04.1931 | Infanterielehrgang für Fähnriche bei der II. Abteilung der Schiffsstammdivision der Ostsee in Stralsund |
| 03.04.1931–29.03.1932 | Hauptlehrgang für Fähnriche an der Marineschule Flensburg-Mürwik |
| 30.03.1932–25.05.1932 | Torpedolehrgang für Fähnriche an der Marineschule Flensburg-Mürwik |
| 26.05.1932–30.07.1932 | Artillerielehrgang für Fähnriche an der Schiffsartillerieschule Kiel-Wik |
| 31.07.1932–15.08.1932 | Fla-Waffenlehrgang für Fähnriche an der Küstenartillerieschule Wilhelmshaven |
| 16.08.1932–07.09.1932 | Sperrlehrgang für Fähnriche an der Sperrschule Kiel-Wik (im Marinejargon werden Seeminen auch als Sperrwaffen bezeichnet) |
| 08.09.1932–30.09.1932 | Nachrichtenlehrgang für Fähnriche an der Nachrichtenschule Flensburg-Mürwik |
| 01.10.1932–25.09.1934 | Bordausbildung, später Divisionsleutnant auf dem Linienschiff „Schleswig-Holstein", während dieser Zeit |
| 03.01.1934–29.03.1934 | Funklehrgang bei der Torpedo- und Nachrichtenschule in Flensburg-Mürwik |
| 26.09.1934–30.09.1936 | Zugoffizier (bzw. lt. Rangliste vom 01.11.1935 Adjutant) bei der III. Marine-Artillerie-Abteilung (M.A.A.) in Swinemünde |
| 01.10.1936–04.10.1937 | Flaggleutnant bei der U-Flottille „Weddigen" in Kiel |
| 05.10.1937–29.01.1938 | Kompanieoffizier bei der Stammkompanie der U-Flottillen „Emsmann" und „Hundius", während dieser Zeit |
| 05.10.1937–18.12.1937 | Torpedooffiziers-B-Lehrgang an der Torpedoschule Flensburg-Mürwik |
| 19.12.1937–04.01.1938 | zur Verfügung an der Torpedoschule Flensburg-Mürwik |

| | |
|---|---|
| 05.01.1938–29.01.1938 | U-Torpedooffiziers-Lehrgang an der Torpedoschule Flensburg-Mürwik |
| 30.01.1938–24.04.1938 | U-Boot-Ausbildung an der U-Schule in Neustadt/Holstein |
| 25.04.1938–11.07.1938 | Führer des Marinekommandos auf dem Forschungsschiff „Altair", Teilnahme an einer Golfstromexpedition |
| 12.07.1938–19.07.1938 | Kommandant (vorgesehen) bei der U-Flottille „Emsmann" |
| 20.07.1938–01.09.1938 | I. Wachoffizier auf U 25, U-Flottille „Saltzwedel" |
| 02.09.1938–29.10.1938 | Kommandant von U 8, U-Schulflottille |
| 30.10.1938–09.12.1938 | zur Verfügung des Führers der Unterseeboote (F.d.U.), laut Rangliste vom 01.11.1938 bei der U-Flottille „Saltzwedel" |
| 10.12.1938–03.04.1939 | Kommandant von U 25, U-Flottille „Saltzwedel", Wilhelmshaven |
| 04.04.1939–31.12.1939 | Kommandant von U 29, U-Flottille „Saltzwedel", Wilhelmshaven |
| 01.01.1940–01.01.1941 | Kommandant von U 29, 2. U-Flottille |
| 02.01.1941–21.06.1943 | Lehrer und Leiter der Offiziersausbildung bei der 1. U-Boot-Lehr-Division (U.L.D.) in Pillau |
| 22.06.1943–01.1944 | Kommandeur der I. Abteilung der 1. U.L.D., zugleich Flottillenchef der 21. U-Flottille in Pillau |
| 01.1944–20.09.1944 | Flottillenchef der 21. U-Flottille in Pillau |
| 21.09.1944–07.1945 | Kommandeur der I. Abteilung der Marineschule Flensburg-Mürwik bzw. bei Kriegsende Kommandeur des Marine-Schützenbataillons „Schuhart" |
| 07.1945–14.12.1945 | Dezernent bei der Deutschen Minenräumdienstleistung |
| 14.12.1945 | Entlassung |

## Feindfahrten mit U 29:

| | |
|---|---|
| 19.08.1939–26.09.1939 | Nordatlantik, südwestlich von Irland |
| 14.11.1939–16.12.1939 | Nordatlantik, vor Bristol/England |
| 06.02.1940–12.03.1940 | Nordatlantik, vor Newport/England |
| 17.04.1940–04.05.1940 | Trondheim/Norwegen |
| 27.05.1940–11.07.1940 | Nordatlantik, westlich des Ärmelkanals und in der südlichen Biskaya |
| 02.09.1940–01.10.1940 | Nordatlantik, Nordkanal und Hebriden |
| 26.10.1940–03.12.1940 | Nordatlantik |

## Nach dem Krieg:

| | |
|---|---|
| 01.1946–07.1946 | Fabrikarbeiter in Satrup, Kreis Schleswig |
| 08.1946–07.1947 | Volontär bei der Gothaer Feuerversicherung in Hamburg |
| 08.1947–09.1948 | Angestellter bei einer Transportfirma in Hamburg |
| 09.1948–04.1951 | Angestellter bei der Jugendfürsorge des Evangelischen Hilfswerks in Hamburg |
| 04.1951–30.11.1955 | Leiter der Lehrlingsausbildung bei der Schiffswerft H.C. Stülcken & Sohn in Hamburg |

## Bei der Bundeswehr:

| | |
|---|---|
| 03.12.1955 | Eintritt in die Bundeswehr |
| 03.12.1955–13.05.1956 | Einweisungslehrgang, dann Prüfgruppenleiter (OA) Marine bei der Offiziersanwärterprüfstelle in Köln |
| 14.05.1956–15.11.1959 | Ausbildungsleiter an der Marineschule Flensburg-Mürwik, |
| zugleich bis 28.06.1956 | Kommandeur (m.W.d.G.) der Marineschule Flensburg-Mürwik |
| 16.11.1959–06.06.1960 | Kommandeur des Marinestützpunktes Flensburg |
| 07.06.1960–31.03.1964 | Referent für Offiziers- und Unteroffiziersausbildung der Marine beim Bundesministerium für Verteidigung in Bonn |
| 01.04.1964–31.03.1965 | Kommandeur des Marinestützpunktes Kiel |
| 01.04.1965–30.06.1966 | Kommandeur des Marineausbildungsregiments in Glückstadt |
| 01.07.1966–30.09.1967 | Abteilungsleiter für Offiziersanwärter (OA) Marine beim Personalstammamt (PSABw) in Köln |
| 30.09.1967 | Ruhestand |

## Beförderungen:

| | |
|---|---|
| 10.10.1929 | Seekadett (Ernennung) |
| 01.01.1931 | Fähnrich zur See |
| 01.04.1933 | Oberfähnrich zur See |
| 01.10.1933 | Leutnant zur See |
| 01.06.1935 | Oberleutnant zur See |
| 01.08.1938 | Kapitänleutnant |
| 01.04.1943 | Korvettenkapitän |
| 16.06.1956 | Fregattenkapitän |
| 25.02.1959 | Kapitän zur See |

## Orden und Ehrenzeichen:

| | |
|---|---|
| 02.10.1936 | Dienstauszeichnung IV. Klasse |
| 26.09.1939 | Eisernes Kreuz II. Klasse |
| 26.09.1939 | Eisernes Kreuz I. Klasse |
| 16.12.1939 | U-Boot-Kriegsabzeichen 1939 |
| 16.05.1940 | Ritterkreuz zum Eisernen Kreuz |
| 30.01.1944 | Kriegsverdienstkreuz mit Schwertern II. Klasse |
| 01.09.1944 | Kriegsverdienstkreuz mit Schwertern I. Klasse |
| 30.09.1967 | Bundesverdienstkreuz I. Klasse |

## Nennungen im Wehrmachtsbericht:

19.09.1939: Die von der britischen Admiralität bekannt gegebene Versenkung des Flugzeugträgers „Courageous" wurde durch die Meldung des angreifenden deutschen Unterseebootes bestätigt.

150

14.03.1940: Kapitänleutnant Schuhart konnte nach Rückkehr seines Unterseebootes von der letzten Fahrt gegen den Feind die Versenkung von 24.000 Bruttoregistertonnen melden. Damit hat Kapitänleutnant Schuhart, der im September des vergangenen Jahres auch den britischen Flugzeugträger „Courageous" vernichtete, im Verlauf zweier Feindfahrten insgesamt 66.566 Bruttoregistertonnen versenkt.

03.07.1940: Kapitänleutnant Schuhart hat mit seinem Unterseeboot 24.000 Bruttoregistertonnen feindlichen Handelsschiffsraumes, darunter den britischen Tanker „Athellaird" (8.900 Bruttoregistertonnen) versenkt.

# Anlage 2: Versenkungserfolge von Otto Schuhart

| Datum | Name | BRT | Planquadrat | Verband oder Konvoi | Nationalität und Schiffstyp | Versenkungsart | Position |
|---|---|---|---|---|---|---|---|
| 08.09.1939 | Regent Tiger | 10.176 | BE 3413 | | Britischer Motortanker | Torpedo | 49° 57' Nord / 15° 34' West |
| 13.09.1939 | Neptunia | 798 | BE 3471 | | Britischer Dampfschlepper | Artillerie | 49° 20' Nord / 14° 40' West |
| 14.09.1939 | British Influence | 8.431 | BE 3655 | | Britischer Motortanker | Torpedo | 49° 43' Nord / 12° 49' West |
| 17.09.1939 | Courageous | 22.500 | BE 3198 | Task Force | Britischer Flugzeugträger | Torpedo | 50° 10' Nord / 14° 45' West |
| 03.03.1940 | Cato | 710 | AM 9947 | | Britischer Dampfer | Mine | 51° 24' Nord / 03° 37' West |
| 04.03.1940 | Thurston | 3.072 | BF 2135 | | Britischer Dampfer | Torpedo | 50° 23' Nord / 05° 49' West |
| 04.03.1940 | Pacific Reliance | 6.717 | BF 2135 | HX.19 | Britisches Motorschiff | Torpedo | 50° 23' Nord / 05° 49' West |
| 04.03.1940 | San Florentino[3] | – | BF 2135 | | Britischer Dampftanker | – | – |
| 16.03.1940 | Slava | 4.512 | AM 9947 | | Jugoslawischer Dampfer | Mine | 51° 20' Nord / 03° 39' West |
| 26.06.1940 | Dimitris | 5.254 | BE 9637 | | Griechischer Dampfer | Artillerie | 44° 23' Nord / 11° 41' West |
| 01.07.1940 | Adamastos | 5.889 | BE 6842 | | Griechischer Dampfer | Artillerie | 46° 20' Nord / 14° 30' West |
| 02.07.1940 | Santa Margarita | 4.919 | BE 5638 | | Panamesischer Dampfer | Artillerie | 47° 10' Nord / 16° 10' West |
| 02.07.1940 | Athellaird | 8.999 | BE 5368 | OB.176 | Britischer Motortanker | Torpedo | 47° 27' Nord / 16° 49' West |
| 25.09.1940 | Eurymedon | 6.223 | AL 9111 | OB.217 | Britischer Dampfer | Torpedo | 53° 34' Nord / 20° 23' West |

Insgesamt versenkte Otto Schuhart als Kommandant von U 29 13 Schiffe mit zusammen 88.200 Bruttoregistertonnen, einschließlich des britischen Flugzeugträgers „Courageous" mit 22.500 tons.

---

3 Aufgrund einer Meldung des deutschen B-Dienstes, der von der Versenkung der „San Florentino" berichtete, nahm der B.d.U. an, U 29 habe das Schiff mit 12.842 Bruttoregistertonnen versenkt und schrieb die Tonnagezahl Otto Schuhart gut; deshalb auch die fehlerhafte Angabe der Tonnage im Wehrmachtbericht vom 14. März 1940.
4 Wie Anmerkung 3.

# Anlage 3: Der britische Flugzeugträger „Courageous"

Die „Courageous" war das Typschiff von drei „Großen Leichten Kreuzern", die auf der Werft Armstrong-Withworth in Newcastle upon Tyne gebaut wurden. Die beiden anderen Schiffe hießen „Glorious" und „Furious". Sie wurden während des Ersten Weltkriegs nach Plänen des Ersten Seelords, Lord Fisher, gebaut und waren so konstruiert, dass sie Landungsunternehmen in der Ostsee, an der pommerschen Küste, durchführen konnten. Es entstanden sehr schnelle, leicht gepanzerte Kreuzer mit wenigen schweren Geschützen und einem geringen Tiefgang.

Mit der Landung in Pommern wollte England im Ersten Weltkrieg eine zweite Front aufbauen und so Russland unterstützen. Nachdem Sowjetrussland als Kriegsteilnehmer nach dem Friedensvertrag von Brest-Litowsk mit den Mittelmächten im März 1918 ausgeschieden war, war dieser Plan hinfällig geworden.

Die „H.M.S. Courageous" wurde am 4. November 1916 in Dienst gestellt. Sie war mit vier 38,1-cm-Kanonen in Doppeltürmen, 18 10,5-cm-Kanonen in Drillingstürmen, zwei 7,6-cm-Fla-Geschützen und zwei 53,3-cm-Torpedorohren bewaffnet.

In den letzten beiden Kriegsjahren des Ersten Weltkrieges wurde die „Courageous" in der Nordsee eingesetzt, wo sie am 17. November 1917 an dem zweiten Seegefecht bei Helgoland gegen die Kaiserlich Deutsche Marine teilnahm. Bei der Verfolgung der deutschen II. Aufklärungsgruppe, die aus Leichten Kreuzern bestand, verschoss die „Courageous" sage und schreibe 92 Granaten ihrer schweren und 180 Granaten ihrer mittelschweren Artillerie. Zwar erzielte sie keinen einzigen Treffer, wurde aber selbst auch nicht getroffen.

Während die „Courageous" und die „Glorious" bis Ende des Ersten Weltkrieges noch als Kreuzer im Einsatz waren, wurde die „Furious" noch während des Kriegs zum Flugzeugträger umgebaut. Nachdem die schwere Artillerie der „Courageous" und der „Glorious" die auf der Washingtoner Flottenkonferenz im Jahre 1922 festgelegte Höchstkaliberzahl überschritt, wurde auch der Umbau dieser beiden Schiffe zu Flugzeugträgern beschlossen.

Die „Courageous" wurde von 1924 bis 1928 auf der Marinewerft Devonport in Plymouth umgebaut. Wie die „Furious" hatte auch die „Courageous" zwei Hangardecks und vor dem oberen Hangar ein Startdeck. Brücke, Kommandoeinrichtungen und Schornstein waren an der Seite angebracht, um eine möglichst große Länge der Start- und Landebahn zu ermöglichen. Bewaffnet wurde das Schiff mit 16 12-cm-Kanonen, 24 4-cm-Fla-Kanonen und 14 Fliegerabwehr-Maschinengewehren. 48 Flugzeuge fanden auf ihr Platz.

Auf der „Courageous" waren zwischen 1933 und 1938 die Jagdstaffel 800 und die Torpedostaffel 810 sowie die beiden Mehrzweckstaffeln 820 und 821 der „Fleet Air Arm" (F.A.A.) stationiert. Die drei letzteren Staffeln wurden ab September 1937 mit je zwölf „Swordfish"-Torpedoflugzeugen ausgerüstet.

Zwischen Mai 1928 und Juni 1930 war die „Courageous" in Malta bei der dortigen Mittelmeerflotte stationiert, dann wurde sie von der „Glorious" abgelöst. Nach einer Werftüberholung kam der Flugzeugträger im August 1930 zur Atlantikflotte, die 1932 in „Home Fleet" umbenannt wurde. Als Italien 1935 die Abessinienkrise heraufbeschwor, wurde das Schiff erneut ins Mittelmeer verlegt. Im Februar 1936 kam es aber bereits zurück nach England, wo es modernisiert wurde – stärkere Bremskabel, zwei hydraulische Startkatapulte und die neuesten Fla-Geschütze wurden eingebaut. Im Dezember 1938 wurde die

„Courageous" zum Schulflugzeugträger umfunktioniert, bis Ende Mai 1939 die „Furious" diese Aufgabe übernahm. Die „Courageous" wurde nach einer umfangreichen Überholung kurz vor Kriegsausbruch wieder der „Home Fleet" eingegliedert und war bei Beginn des Zweiten Weltkrieges einsatzklar. Ihr weiterer Weg und ihre Versenkung ist in vorliegendem Buch ausführlich beschrieben.

# Anlage 4: U 29 – ein U-Boot vom Typ VII-A

| | |
|---|---|
| Bauwerft: | Deutsche Schiff- und Maschinenbau Aktiengesellschaft (Deschimag) AG „Weser", Bremen |
| Bauauftrag: | 01.04.1935 |
| Kiellegung: | 02.01.1936 |
| Indienststellung: | 16.11.1936 |
| Feldpostnummer: | 10220 |
| Baunummer: | 910 |

## Technische Daten:

| | |
|---|---|
| Länge: | 64,5 Meter |
| Breite: | 5,85 Meter |
| Tiefgang: | 4,37 Meter |
| Leistung über Wasser: | 2.100 PS bis 2.310 PS |
| Leistung unter Wasser: | 750 PS |
| Geschwindigkeit über Wasser: | 17 Knoten |
| Geschwindigkeit unter Wasser: | 8 Knoten |
| Reichweite über Wasser bei 10 Knoten: | 6.200 Seemeilen |
| Reichweite über Wasser bei 16 Knoten: | 2.900 Seemeilen |
| Reichweite unter Wasser bei 4 Knoten: | 73 bis 90 Seemeilen |
| Tauchtiefe und Tauchgeschwindigkeit: | cirka 100 Meter in 35 bis 90 Sekunden |
| Treibstoffvorrat: | 67 Tonnen |

## Bewaffnung:

| | |
|---|---|
| Bewaffnung: | 4 Bugtorpedorohre und 1 Hecktorpedorohr mit 11 Torpedos oder Minen |
| Artillerie: | Eine 8,8-cm-Kanone (250 Schuss Munition) |
| | Eine 2,0-cm-Fla-Kanone (4.380 Schuss Munition) |

## Besatzung:

| | |
|---|---|
| Besatzung: | 4 Offiziere und 40 bis 44 Unteroffiziere und Mannschaften |

## Kommandanten:

| | |
|---|---|
| Heinz Fischer | 16.11.1936–31.10.1938 |
| Georg-Heinz Michel | 01.11.1938–03.04.1939 |
| Otto Schuhart | 04.04.1939–01.01.1941 |
| Georg Lassen | 02.01.1941–14.09.1941 |
| Heinrich Hasenschar | 15.09.1941–05.05.1942 |
| Karl-Heinz Marbach | 06.05.1942–30.06.1942 |
| Unbesetzt | 01.07.1942–14.11.1942 |
| Rudolf Zorn | 15.11.1942–20.08.1943 |
| Eduard Aust | 21.08.1943–02.11.1943 |
| Ulrich-Philipp Graf von und zu Arco-Zinneberg | 03.11.1943–17.04.1944 |

# Anlage 5: Quellen und Literatur

## Ungedruckte Quellen
- Kriegstagebuch U 29 auf Mikrofilm T-1022 (Rolle 2970).

## Literatur
- Adrian, Kurt: Kapitänleutnant Max-Martin Teichert, Würzburg 2008.
- Blair, Clay: Der U-Boot-Krieg 1939–1942 – Die Jäger, München 1998.
- Blair, Clay: Der U-Boot-Krieg 1942–1945 – Die Gejagten, München 1999.
- Busch, Rainer/Röll, Hans-Joachim: Der U-Boot-Krieg 1939–1945.
  Band 1: Die deutschen U-Boot-Kommandanten, Hamburg/Berlin/Bonn 1996.
  Band 2: Der U-Boot-Bau auf deutschen Werften, Hamburg/Berlin/Bonn 1997.
  Band 3: Deutsche U-Boot-Erfolge 1939–1945, Hamburg/Berlin/Bonn 2001.
  Band 4: Deutsche U-Boot-Verluste von 1939–1945, Hamburg/Berlin/Bonn 1999.
  Band 5: Die Ritterkreuzträger der U-Boot-Waffe von 1939–1945,
        Hamburg/Berlin/Bonn 2003.
- Dönitz, Karl: Zehn Jahre und zwanzig Tage – Erinnerungen 1935–1945, Koblenz 1985.
- Frank, Wolfgang: Die Wölfe und ihr Admiral, Oldenburg 1953.
- Hadley, Michael: Der Mythos der deutschen U-Boot-Waffe, Hamburg/Berlin/Bonn 2001.
- Högel, Georg: Embleme, Wappen, Malings deutscher U-Boote von 1939–1945, Herford 1987.
- Kurowski, Franz: An alle Wölfe – Angriff, Friedberg 1986.
- Kurowski, Franz: Korvettenkapitän Günther Prien, der Stier von Scapa Flow, Würzburg 2008.
- Kurowski, Franz: U 48 – das erfolgreichste U-Boot des II. Weltkrieges, Würzburg 2007.
- Lloyd's War losses: The Second World War, Volume 1, London 1989.
- Lloyd's War losses: The Second World War, Volume 2, London 1991.
- Mallmann-Showell, Jak P.: Die U-Boot-Waffe, Stuttgart 2001.
- Mallmann-Showell, Jak P.: Deutsche U-Boot-Stützpunkte und Bunkeranlagen, Stuttgart 2002.
- Mulligan, Timothy P.: Die Männer der deutschen U-Boot-Waffe 1939–1945, Stuttgart 2001.
- Peilard, Leonce: Geschichte des U-Boot-Krieges, Klagenfurt 1970.
- Rohwer, Jürgen/Hümmelchen, Gerhard: Chronik des Seekrieges, Stuttgart 2007.
- Röll, Hans-Joachim: Kapitänleutnant Joachim Schepke, Würzburg 2009.
- Röll, Hans-Joachim: Kapitän zur See Werner Hartmann, Würzburg 2010.
- Röll, Hans-Joachim: U 156, Werner Hartenstein und die Versenkung der „Laconia", Würzburg 2010.
- Röll, Hans-Joachim/Besler, Michael: U 1223 – Das Rosenboot, Würzburg 2009.
- Röll, Hans-Joachim/Besler, Michael: U 79 – Das Kriegstagebuch, Würzburg 2011.
- Röll, Hans-Joachim/Besler, Michael: U 380 – Das Kleeblattboot, Würzburg 2011.
- Ruge, Friedrich: Der Seekrieg 1939–1945, Stuttgart 1962.
- Scherzer, Veit: Die Ritterkreuzträger 1939–1945, Jena 2005.

- Topp, Erich: Fackeln über dem Atlantik, Herford 1993.
- Die Wehrmachtsberichte 1939–1945, Band 1: 1. September 1939 bis 31. Dezember 1941, Köln 1989.